隧道及地下工程机械设备丛书

隧道混凝土湿喷台车操作技术手册

申志军 刘在政 编著

人民交通出版社股份有限公司
China Communications Press Co.,Ltd.

内 容 提 要

为规范和指导一线混凝土湿喷台车操作人员,提高隧道施工机械化水平,在结合国内主要混凝土湿喷台车生产厂家和使用单位积累的宝贵经验,分类整理生产和使用过程中繁杂的统计数据和记录性文件的基础上,对混凝土湿喷台车原理、操作使用、维护保养和故障处理进行系统性阐述,对混凝土湿喷台车工程典型应用实例,以及国内外主要的混凝土湿喷台车进行介绍。附录中摘录了隧道湿喷施工相关的标准和规范。

全书图文、视频并茂,结构严密,叙述清晰,便于读者学习、查阅。本书可作为湿喷台车操作人员的培训教材,也可供从事隧道支护的科研、设计、施工人员参考使用。

图书在版编目(CIP)数据

隧道混凝土湿喷台车操作技术手册 / 申志军,刘在政编著. —北京:人民交通出版社股份有限公司,2016.10

 ISBN 978-7-114-13335-0

Ⅰ.①隧… Ⅱ.①申… ②刘… Ⅲ.①隧道施工－混凝土输送泵－工程施工－技术手册 Ⅳ.①U455.3-62

中国版本图书馆 CIP 数据核字(2016)第 222632 号

书　　名:	隧道混凝土湿喷台车操作技术手册
著 作 者:	申志军　刘在政
责任编辑:	张江成
出版发行:	人民交通出版社股份有限公司
地　　址:	(100011)北京市朝阳区安定门外外馆斜街3号
网　　址:	http://www.ccpress.com.cn
销售电话:	(010)59757973
总 经 销:	人民交通出版社股份有限公司发行部
经　　销:	各地新华书店
印　　刷:	北京市密东印刷有限公司
开　　本:	787×1092　1/16
印　　张:	11.75
字　　数:	271 千
版　　次:	2016 年 10 月　第 1 版
印　　次:	2017 年 7 月　第 2 次印刷
书　　号:	ISBN 978-7-114-13335-0
定　　价:	58.00 元

(有印刷、装订质量问题的图书由本公司负责调换)

本书编委会

主　　编　申志军　刘在政

参　　编　何二春　岳雪明　韩彦芳　麻成标
　　　　　　赵前进　吴德志　杨贞柿　王　伟
　　　　　　汪杰军　吴金山　李卫兵　陈　鸿
　　　　　　刘金书　张海涛　郝蔚祺　刘仁杰

参编单位　中国铁建重工集团有限公司
　　　　　　蒙西华中铁路股份有限公司
　　　　　　中国中铁工程装备集团有限公司
　　　　　　中联重科股份有限公司
　　　　　　三一重工股份有限公司
　　　　　　湖南五新隧道智能装备股份有限公司
　　　　　　中铁隧道集团有限公司
　　　　　　中国铁建十六局集团有限公司

序 Preface

21世纪是中国大举利用地下空间、开发地下资源的时代。我国隧道及地下工程修建技术已达到世界先进水平，但施工机械化程度与国际先进水平还有较大的差距，主要表现在设备技术水平和设备操作水平两方面。为了紧跟"向地下要第二空间"的时代步伐，我国亟须对先进设备进行研发推广，重视对设备应用人才的挖掘培养。

20世纪20年代，作为突破传统矿山法（以人力或小型机械开挖岩体，以木料作临时支撑，再以模筑混凝土替代木料）而提出的新奥法，随着实践应用的推广，日渐成熟，目前已成为国内隧道施工主要方法之一。随之而来的是系列配套施工设备的飞速发展，其中，混凝土湿喷机作为新奥法施工隧道喷射混凝土支护的主要工作设备，更是在近几十年里得到发展和应用。采用混凝土湿喷台车施工，相对于普通人工喷浆具有显著优势：安全系数高，由台车机械臂代替手持喷枪，操作人员只需在一旁安全区内遥控臂架和泵送系统，远离喷射面，便可进行喷浆支护作业；喷射质量好，精确的速凝剂配比保证喷射混凝土凝固后具有良好的混凝土喷射层及较低的混凝土回弹率；生产效率高，喷射量大，输送距离远、位置高，人员需求少；环保性好，低回弹率，能够大大降低机旁及喷嘴外的粉尘度，可有效降低粉尘对工作人员的身体危害。

我国混凝土湿喷台车设备走的是引进—吸收—再国产化的发展道路，随着国内外学者和有关厂家的大量研究与试验，目前，国内市场使用的混凝土湿喷台车产品已逐渐成熟，并趋于模块化、系列化。虽然，对于设备性能和应用效果已有大量的研究和论文资料，但系统介绍设备操作和管理的专著仍然较少。

实践是产生真知的源泉，往往工程现场才是孕育创造性灵感、核心性技术的摇篮，将工程现场积累的问题、经验以文字的形式记录传播，将是给后人的最宝贵财富。《隧道混凝土湿喷台车操作技术手册》一书，是多位混凝土湿喷台车产品专家和隧道参建单位的技术人员从事混凝土湿喷台车研究和应用的经验总

结。全书系统深入地介绍了混凝土湿喷台车的构造原理、操作使用、故障排除、维护保养和现场管理,并具有以下特点:

- 明确定位:主要用于现场操作和设备管理应用人员查阅参考。
- 注重实际、实用:围绕市场现有成熟设备和工程应用实例,着眼设备一般性操作的同时,强调实际特殊性;提供常见问题解决方案的同时,介绍系统分析方法,提倡理论联系实际。
- 坚持特色:结合设备厂家和施工单位共同积累的实际经验,针对特定的读者人群,浅理论、宽类型、精操作、严规范,把握全书特色,不盲目追求全面性。
- 以人为本:以现场操作人员和管理者实际需求为中心,强调自主学习和能力扩展,有利于可持续性学习。

这样的一本书,对混凝土湿喷台车操作管理水平的提升将会有积极的促进作用,并有利于隧道机械化施工的推广,我很高兴将本书推荐给各位同行。

中国工程院院士

2016 年 8 月于北京

前言 Foreword

我国作为一个多山、多矿产和多水利建设的大国,在国民建设与军事建设中都需要大量使用混凝土喷射技术。2013年9月交通运输部发布的《关于进一步加强隧道工程质量和安全监管工作的若干意见》(交质监发[2013]549号)中明确指出要广泛应用隧道施工新型机械设备,同时在高速铁路隧道验收标准与施工技术指南中都已明确要求:喷射混凝土应采用湿喷工艺,积极采用混凝土喷射设备。另外,随着国家对工程质量、作业安全、职业健康等方面的要求不断提高,推广喷射混凝土机械化施工技术是保障施工安全和质量,贯彻以人为本理念的根本措施。

混凝土湿喷台车在工程使用中又称喷射混凝土台车、湿喷机械手、湿喷台车、车载湿喷台车、湿喷台车组等,现统一称为混凝土湿喷台车。

事实上,长期以来,混凝土湿喷台车在铁路隧道、公路隧道、城市地铁、国防和人防工事等各种形式的地下工程已得到了广泛地应用。在国内,混凝土湿喷台车已越来越多地取代人工喷射成为混凝土喷射作业的主要机具。近三十多年来,随着新技术、新材料、新工艺的不断使用,湿喷混凝土支护技术取得了令人瞩目的成就,混凝土湿喷台车产品的设计、制造技术也已经有了长足的进步。正确而全面地认识和理解混凝土湿喷台车,对于推进混凝土湿喷台车在隧道施工中的应用,实现隧道机械化施工具有重要意义。

编写本书的目的是为混凝土湿喷台车的操作使用、施工管理和维护保障提供便捷的解决方案,提供最新使用的台车产品数据资料以及典型的工程应用实例,展示混凝土湿喷台车的先进技术,从而适应隧道混凝土支护由湿喷取代干(潮)喷,湿喷台车机械喷射代替人工喷射的发展趋势,以满足广大施工操作和管理人员的需求,规范和指导一线湿喷人员进行隧道湿喷支护施工,推进隧道施工机械化,提升混凝土湿喷台车的应用和推广水平。

作者结合国内主要混凝土湿喷台车生产厂家和使用单位积累的宝贵经验,

通过分类整理湿喷台车生产和使用过程中繁杂的统计数据和记录性文件，对混凝土湿喷台车原理、操作使用、维护保养和故障处理进行系统性阐述，并对国内外主要的混凝土湿喷台车设备进行介绍。

本书共分为9章，第1章介绍喷射混凝土工艺和设备的发展概况及趋势；第2章介绍湿喷混凝土支护的基本原理及材料，重点从支护效果角度讲解湿喷混凝土的材料和工艺要求；第3章介绍主要的混凝土湿喷台车的基本构造、工作原理以及整机的关键技术参数；第4章介绍混凝土湿喷台车施工前准备工作、各执行系统操作要领和注意事项；第5章依次从各大执行系统出发，介绍了混凝土湿喷台车常见故障及其排除方法；第6章介绍了混凝土湿喷台车各部件的技术保养内容和周期，以实际台车为例，突出讲解了各部分的日常维护要点；第7章介绍采用混凝土湿喷台车作业时的现场管理，重点对人员管理、设备管理、安全管理和施工管理加以阐述；第8章列举了典型的混凝土湿喷台车工程应用实例，通过分析成功的应用案例，为类似工程施工中的湿喷台车设备配置方案提供参考依据；第9章介绍了国内外主要混凝土湿喷台车产品的性能特点。另外，附录中摘录了有关隧道湿喷混凝土施工的相关标准、规范，具体包括：《岩土锚杆与喷射混凝土支护工程技术规范》（GB 50086—2015）、《铁路隧道工程施工技术指南》（TZ 204—2008）、《公路隧道施工技术规范》（JTG F60—2009）、《公路隧道施工技术细则》（JTG/T F60—2009）。

另外，在第3、4、5、9章技术知识点的相应位置，设置二维码，读者扫描后，即可观看相关工程视频。

本书编写过程中，参考了多位专家、学者和科技工作者的相关文章，在此深表感谢。

本书内容翔实、数据可靠、图文视频并茂，可读性和工程实用性强，便于读者尤其是一线操作技术人员查阅。通过阅读本手册，可使读者快速掌握混凝土湿喷台车基本原理，以及使用、保养和维护要领。

限于作者学识水平和能力，书中难免存在一些不妥之处，望广大读者和各位专家同行不吝赐教。

作 者

2016年7月

目录 Contents

- 第1章 绪论 ⋯⋯ 1
  - 1.1 喷射混凝土工艺和设备的发展概况及趋势 ⋯⋯ 1
  - 1.2 我国混凝土湿喷台车的应用现状 ⋯⋯ 10
- 第2章 湿喷混凝土支护的基本原理及喷射材料 ⋯⋯ 14
  - 2.1 湿喷混凝土支护 ⋯⋯ 14
  - 2.2 湿喷混凝土材料及工艺要求 ⋯⋯ 15
  - 2.3 湿喷混凝土配合比设计优化与检测 ⋯⋯ 25
- 第3章 混凝土湿喷台车基本构造、工作原理及主要技术参数 ⋯⋯ 29
  - 3.1 行走系统 ⋯⋯ 29
  - 3.2 喷射系统 ⋯⋯ 34
  - 3.3 辅助系统 ⋯⋯ 42
  - 3.4 混凝土湿喷台车主要技术参数 ⋯⋯ 51
- 第4章 混凝土湿喷台车的操作使用 ⋯⋯ 54
  - 4.1 操作前准备 ⋯⋯ 54
  - 4.2 行驶操作 ⋯⋯ 57
  - 4.3 臂架操作 ⋯⋯ 58
  - 4.4 泵送操作 ⋯⋯ 60
  - 4.5 压缩空气系统操作 ⋯⋯ 62
  - 4.6 添加剂系统操作 ⋯⋯ 64
  - 4.7 喷头操作 ⋯⋯ 65
  - 4.8 操作盒与遥控器的操作 ⋯⋯ 65
  - 4.9 施工收尾设备清洗及检查 ⋯⋯ 67
- 第5章 混凝土湿喷台车的常见故障分析及排除方法 ⋯⋯ 73
  - 5.1 泵送机构 ⋯⋯ 73
  - 5.2 发动机部分 ⋯⋯ 75
  - 5.3 电控系统 ⋯⋯ 77
  - 5.4 液压系统 ⋯⋯ 80
  - 5.5 臂架系统 ⋯⋯ 84

5.6	润滑系统	85
5.7	清洗系统	86
5.8	添加剂系统	88
5.9	压缩空气系统	88

第6章 混凝土湿喷台车的技术保养 …………………………………………… 91
- 6.1 技术保养内容与周期 …………………………………………………… 91
- 6.2 上装部分的保养 ………………………………………………………… 92
- 6.3 底盘部分的保养 ………………………………………………………… 93
- 6.4 液压系统的保养 ………………………………………………………… 93
- 6.5 整机外观的保养 ………………………………………………………… 94

第7章 湿喷混凝土作业及现场管理 …………………………………………… 95
- 7.1 湿喷混凝土作业 ………………………………………………………… 95
- 7.2 操作人员管理 …………………………………………………………… 99
- 7.3 设备管理 ………………………………………………………………… 100
- 7.4 安全要求及应急处理 …………………………………………………… 105
- 7.5 湿喷作业组管理制度及相关人员岗位职责 …………………………… 106

第8章 混凝土湿喷台车应用实例 ……………………………………………… 110
- 8.1 京沈客专梨花顶隧道施工实例 ………………………………………… 110
- 8.2 蒙华铁路崤山隧道出口施工实例 ……………………………………… 111
- 8.3 拉林铁路卓木隧道进口施工实例 ……………………………………… 114
- 8.4 哈牡客运专线先行工程——威虎山隧道施工实例 …………………… 117
- 8.5 蒙华铁路张裕2号隧道出口施工实例 ………………………………… 119
- 8.6 渝黔铁路天坪隧道平导隧洞施工实例 ………………………………… 122
- 8.7 西成客运专线何家梁隧道施工实例 …………………………………… 127
- 8.8 乌东德水电站施工实例 ………………………………………………… 128
- 8.9 中条山隧道施工实例 …………………………………………………… 129

第9章 国内外主要混凝土湿喷台车 …………………………………………… 133
- 9.1 国内主要混凝土湿喷台车 ……………………………………………… 133
- 9.2 国外主要混凝土湿喷台车 ……………………………………………… 145

附录 规范摘编 …………………………………………………………………… 155
- 附录一 岩土锚杆与喷射混凝土支护工程技术规范（GB 50086—2015） … 155
- 附录二 铁路隧道工程施工技术指南（TZ 204—2008） ………………… 168
- 附录三 公路隧道施工技术规范（JTG F60—2009） …………………… 174
- 附录四 公路隧道施工技术细则（JTG/T F60—2009） ………………… 175

参考文献 ………………………………………………………………………… 177

第1章 绪 论

1.1 喷射混凝土工艺和设备的发展概况及趋势

1.1.1 国外发展概况及趋势

喷射混凝土技术在世界上已有上百年的历史,1914年美国在矿山和土木工程中首先使用了喷射水泥砂浆,1948—1953年奥地利卡普隆水力发电站米尔隧洞最早使用了喷射混凝土支护。

喷射混凝土技术是新奥法施工的三大支柱之一,它以简便的工艺、及时的支护及较低的成本,而在地下工程中得到广泛应用。特别是在瑞士、德国、法国、瑞典、美国、英国、加拿大及日本等国的应用更为广泛。

根据含水率和输送方式的不同,喷射混凝土大致可分为干式喷射混凝土、潮湿喷射混凝土和湿式喷射混凝土。

在1947年,前联邦德国BSM公司最先研制出双罐式干式混凝土喷射机;1992年,瑞士阿利瓦公司研制出干式转子混凝土喷射机,随后各个国家相继研制出各种各样的干式混凝土喷射机(以下简称干喷机)。干喷机采用干喷法,如图1-1a)所示,是将干料拌和后送到喷头处与水混合,再到达受喷面上的一种方法。该方法的施工工艺较为简单方便,所需设备相

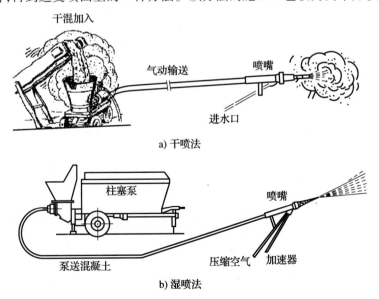

图 1-1 干喷法与湿喷法

对较少,仅仅需要干喷机与强制拌和机就能够操作,同时粉状速凝剂能够提前加入,且搅拌较均匀;输送距离相对较长,可达 300m,垂直距离可达 180m。

随着技术的不断进步,从 20 世纪 60 年代起,西方发达国家研制出湿喷机,开始推行湿喷技术。湿喷工艺主要是将加水搅拌好的成品混凝土加入湿喷机,如图 1-1b)所示,输送到喷嘴位置,添加液体速凝剂,最终形成料束喷到施工面处。混凝土湿喷机具有以下优点:生产效率高;回弹较低;湿喷时,容易控制水灰比,且混凝土水化程度较高,可有效改善喷射混凝土的质量,提高混凝土的均匀性;同时,能够大大降低机旁及喷嘴外的粉尘度,可有效消除对工作人员的身体危害。湿喷技术虽然起步较晚,但由于其较其他喷射方法具有明显的优点,故发展速度较快。

1)传统湿喷方式

根据物料在喷浆机和输料管中的输送状态和输送方式的不同,将湿喷方式分为泵送稠流态湿式喷射混凝土和风送半稠流态湿式喷射混凝土。

(1)泵送稠流态湿式喷射混凝土

按一定的配合比将水泥、粗细骨料和水在搅拌器中搅拌均匀(拌合料呈稠流态,水灰比一般为 0.65),然后用泵式湿喷机(柱塞泵或挤压泵)将拌合料经输料管送至喷嘴处,在喷嘴处与液体速凝剂会合,并借助压缩空气补充的能量将拌合料喷射到岩面上。用于稠流态湿式喷射混凝土的湿喷机一般都为泵式湿喷机。如美国查林杰湿喷机、英国 Compernass-208 型湿喷机和日本极东公司的 PC08-60M 型湿喷机,都属于挤压泵式;瑞士 MEY-NADIER 公司的 Robojct041 型、前西德先锋 US1139 型、芬兰 NORMET 公司的 Spraymec9150 型、瑞典斯塔雷托公司生产的 FSP400 型湿喷机,均属活塞泵式湿喷机。

(2)风送半稠流态湿式喷射混凝土

拌合料的水灰比一般为 0.4 左右(通称贫配合),利用压缩空气将拌合料以"半稠流态"输送给湿喷机,经输料软管输送至喷嘴处,在喷嘴处与液体速凝剂会合并补加压力水和压缩空气后喷至岩面上。用于半稠流态湿式喷射混凝土的湿喷机一般都为风送型转子式湿喷机。如瑞士阿瓦公司生产的 280 型湿喷机、美国里德国际有限公司生产的 LOVA13-4 型湿喷机,都属于风送转子型湿喷机。

2)钢纤维喷射混凝土

钢纤维喷射混凝土是 20 世纪 70 年代发展起来的新型喷射混凝土技术。近几年来,世界各国都十分重视钢纤维这一新型喷射材料的开发与应用,北欧国家已开始将其广泛应用于地下工程的支护。挪威是使用这种新型材料最多的国家,早在 1981 年,挪威钢纤维喷射混凝土就占全国喷射混凝土总量的 20%,1988 年已占 80% 以上。实践证明,将钢纤维喷射混凝土应用于边坡加固、巷道支护、隧道衬砌和大坝工程等方面,均取得了良好的支护效果。钢纤维喷射混凝土是一种新型复合材料,钢纤维在混凝土中的均匀分布,改变了混凝土的脆性弱点,使喷射混凝土的韧性、挠曲强度、冲击抗力、开裂抗力、耐用系数和疲劳极限性能得到了极大的改善。试验表明,与喷混凝土相比,钢纤维喷混凝土的抗断裂性能韧性系数增加 10~50 倍;抗压强度达到 100MPa 以上,提高了 35%~60%;黏结力可提高 50% 左右;冲击强度的初裂指标与碎裂指标可提高 2~4 倍。试验还表明,钢纤维喷射混凝土的性能不仅与钢纤维的掺量有关,而且与钢纤维的形状也有关。美国科学家对此进行了大量的试验。试验证明:钢纤维最适宜的直径为 0.25~0.5mm、长度为 20~30mm,掺入量一般为混凝土总体积的 0.5%~2.0%,或者为混凝土总质量的 2%~4%。

钢纤维喷射混凝土的问世,使喷射混凝土支护的发展上了一个新台阶。这种新型复合材料改变了素混凝土的脆性弱点,具有较高的强度,大变形破坏后存在较高残余强度的特点。挪威研究人员曾就钢纤维喷射混凝土与钢筋网喷射混凝土的承载能力和韧性进行了对比试验,试验结果表明,钢纤维喷射混凝土(掺入体积 1% 的钢纤维)加锚杆固定,承载能力和韧性大于钢筋网(钢筋直径为 5mm,网格为 150mm×150mm)喷射混凝土。由于钢纤维喷射混凝土有较高抗挠性和抗拉强度,可以部分代替钢筋网喷射混凝土,从而加快了支护速度,降低了支护成本。因而钢纤维喷射混凝土加锚杆支护在国外受到青睐,广为应用。例如:美国用于加固华盛顿州卡玛斯·波莱利铁路的岩石边坡,采用了钢纤维加锚杆支护,施工段长 465m,高 4.5~13.5m,总面积为 5800m²,比用金属网喷射混凝土节省 5 万美元。挪威 TUNNEL 海底隧道全长 3000m、断面面积 50m²,原设计用钢筋网喷射混凝土加锚杆支护,后改用钢纤维喷射混凝土加锚杆支护,每米工程造价仅 6000 美元,经济效益十分显著。美国在煤矿地下硐室中广泛采用了钢纤维喷射混凝土支护,在隔墙、密封墙及钢架支护的采煤工作面,也开始使用这一支护方式,英国煤炭局已将钢纤维喷射混凝土支护用于矿井加固和采区封闭。

随着湿喷技术和高性能喷射混凝土技术的普遍应用,喷射混凝土性能已经完全达到浇注混凝土的同等性能。从 20 世纪 90 年代开始,国外大幅提高喷射混凝土技术相关指标,欧洲是 C30~C60,挪威是 C30~C55,特别是挪威等国家正广泛应用高性能喷射混凝土单层衬砌结构支护形式。

通过对瑞典和丹麦等国家隧道施工的现场考察和调研发现,其隧道施工从开挖、支护、注浆、锚杆、喷混凝土、出渣等各工序,都配置了全机械化作业生产线,机械化程度较高,且配套完整。混凝土湿喷台车的使用真正实现了混凝土喷射的自动化,既环保安全,又使生产效率、支护质量得到显著提高,同时降低了回弹率,进而有效降低施工成本。

目前,意大利、挪威、瑞典、日本、加拿大等国的湿喷应用已占隧道喷射混凝土的主导地位。

1.1.2　国内发展概况及趋势

我国是从 20 世纪 60 年代末在铁路隧道施工中推广新奥法施工时,开始采用喷射混凝土技术的。目前,喷射混凝土工艺主要有干(潮)喷和湿喷两种喷射方式。与干喷相比,湿喷的明显优势是生产效率高(机械化施工)、粉尘浓度小,混凝土品质可控制、可设计,已在公路、铁路、水电、市政等方面得到越来越多的应用,相关施工规范也明确要求采用湿喷工艺。如在武广、贵广、成兰、太中银、成贵等在建和已建铁路项目中,均普遍采用了湿喷工艺。

但是相对国外喷射混凝土技术水平而言,我国的喷射混凝土技术发展及应用仍然滞后,干(潮)喷射工艺占比仍然较大,喷射混凝土设计强度等级仍然较低(公路 C20~C25,铁路 C25~C30),高性能喷射混凝土应用较少。干(潮)喷工艺条件下,喷射混凝土强度仅达到 C15 水平,初期支护结构基本为透水结构,毫无耐久性可言。

喷射混凝土技术的发展在很大程度上取决于混凝土湿喷机的性能。

一段时期,干喷机曾是煤巷混凝土喷射中主要的喷射作业设备。由于干喷技术存在施工效率低、回弹率高、粉尘大、喷射强度得不到保证,喷浆只能作为岩层的防风化保护层,不能作为有效的支护手段。但是,随着人们环保意识的增强以及对喷射混凝土质量要求的提高,混凝土湿喷技术逐步替代了干喷技术。

国内使用的湿喷机主要是气送型转子式和转子活塞式。气送型湿喷机主要存在漏风、返风、产生黏结、不便清理等缺点;转子活塞式湿喷机具有生产效率高、回弹率低、粉尘低、喷射的混凝土匀质性好等优点,因此有较广的应用范围。

在国内,从20世纪60年代开始研制混凝土湿喷设备,先后也研制出几种不同于国外机型的湿喷机。TK-961型混凝土湿喷机是中铁西南科学研究院有限公司于1998年研制的一种转子活塞式湿喷机。该机利用一组活塞将湿拌料推送至机器顶部的混合室,经与空气混合后,通过软管输送到喷嘴,在喷嘴处掺加速凝剂后喷出。

叶轮式混凝土湿喷机是安庆恒特工程机械有限公司研制的一种湿喷机。该机采用了一种叶轮喂料装置,利用旋转的叶片将湿料推送至机器下部的混合室,经与空气混合、掺加速凝剂后通过软管输送到喷嘴,在喷嘴处喷出。

PBT-20型混凝土泵送、湿喷两用机是山东科技大学机器人研究中心研制的一种小型拖式混凝土施工设备,它主要由输送系统、控制系统、液压系统、润滑系统等部分组成,采用电动机作为动力,由单片机进行控制,具有双缸液压驱动和S分配阀结构。早期国产部分混凝土喷射设备技术特征见表1-1。

早期国产部分混凝土喷射设备技术特征 表1-1

项 目	干 式			湿 式		
	双罐式	转体式		HLF-5	SP-77	JP
	WG-25g	转子-Ⅱ	PH30-74			
生产能力(m^3/h)	4~5	5~7	2、4、6	5~6	3~4	5~6
骨粒最大粒径(mm)	25	25	30	20	25	25
输料管内径(mm)	50	50	50	—	—	—
压气消耗量(m^3/h)	6~8	5~8	10	—	—	8~10
工作气压(MPa)	0.1~0.6	0.15~0.4	0.1~0.6	0.3~0.6	—	—
行走方式	轨轮	轨轮	轨轮	—	—	—
电机容量(kW)	3	5.5	7.5	4	7.5	7.5
水平输送距离(m)	400~500	300	250	80	120	潮喷100 干喷200
垂直向上输送距离(m)	40	60	100	40	30	
外形尺寸 (长×宽×高) (mm×mm×mm)	1500×830×1470	1500×755×1120	1500×1000×1600	1800×850×1300	1872×820×1538	1380×890×1310
质量(kg)	1000	960	800	600	1300	700

1) 早期小型混凝土湿喷机

针对干式湿喷机存在粉尘大、回弹率高,水灰比难以控制等缺点,我国早期研制了湿式湿喷机,如 HLF-5 型、SP-77 型、HPC-V 型等。

以 HLF-5 型为例,它为双罐并列式湿喷机,由两个结构相同的罐体、输料螺旋、球面阀、喂料盘、输料交换器、电动机、传动系统、配气系统和车架等组成。

HLF-5 型湿喷机工作时,罐体上方的喂料盘不停地旋转,拨动加入的混凝土。在配气阀由零位拨到一侧时,一个球阀打开,一个关闭,喂料盘向打开的罐体入料,装满后,将手柄拨到另一侧,重罐关闭,空罐打开,与此同时,重罐下的出料螺旋转动输料;其出料管与输料管相通,交换封闭空罐出料管,重罐风环进风,空罐排气,罐内混凝土借助压风进入输料管,到达喷头。如此往复,连续输料喷射。

这种湿喷机的主要优点在于螺旋输料,两罐交替入料,能连续喷射;水灰比容易控制,喷层的强度高;回弹率低,粉尘小。不足之处在于耗风量大,机械加工复杂,输料距离较短。

(1)双罐式湿喷机

WG-25 型为典型的双罐式混凝土湿喷机。其结构构造,如图 1-2 所示,主要由装料斗、罐体、拨料机构、气控管路、车架和喷头组成。当下罐正在工作时,关闭下钟形阀门,开启上钟形阀门,已装入料斗的干料即可落入上罐。关闭上钟形阀门,同时将压气送入上罐,待上下罐气压达到平衡时,下钟形阀门在物料重力的作用下自动打开。上罐中拌合料落入下罐,此时下钟形阀门关闭。拌合料从下罐中经输料盘和吹料管压入输料管,拌合料在喷嘴处与水混合,喷射至受喷面。上下两罐循环落料,以供连续喷射。

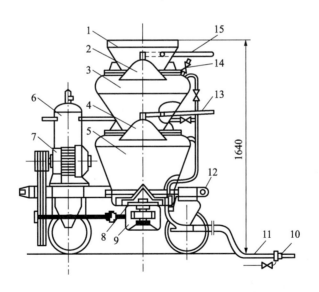

图 1-2 WG-25 型混凝土湿喷机(尺寸单位:mm)

1-装料斗;2-上钟形阀门;3-上罐;4-下钟形阀门;5-下罐;6-油水分离器;7-电动机;8-输料盘;9-减速机;10-喷头;11-输料管;12-车架;13-下钟形阀手柄;14-排气阀;15-上钟形阀手柄

这种湿喷机具有结构简单、工作可靠、输送距离远等特点。但其体积大、装料点高,作业时罐口阀门易卡,粉尘大。

(2) 转体式湿喷机

这类湿喷机的型号较多,如转-Ⅱ型、PH30-74 型等。其中,转-Ⅱ型混凝土湿喷机结构,如图 1-3 所示。它的主体是一个带若干料孔的给料旋转体、料斗和风压管。旋转体在电机的带动下不断旋转,与旋转体一起转动的搅拌器将料斗中的干料连续不断地拨入旋转体的料槽内。当装满料的料槽对准出料弯管时,内圈的气室也恰好对准进风管,于是拌合料被压气喷入输料弯头和输料管,在喷头处与水混合喷向岩面。

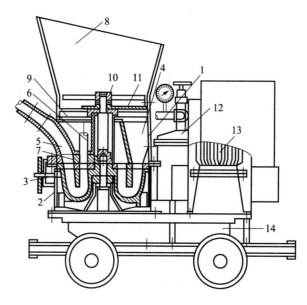

图 1-3 转-Ⅱ混凝土湿喷机

1-上壳体;2-下壳体;3-旋转体;4-入料口;5-出料弯管;6-进风管;7-密封胶板;8-料斗;9-拨料板;10-搅拌器;11-定量板;12-油水分离器;13-电动机;14-减速器

转体式湿喷台车具有以下特点:体积小,质量轻;连续供料,出料稳定;装料方便,生产能力大。

2) 近年大型混凝土湿喷台车的研制

近三十多年来,国内许多部委的一些单位及设备厂家也一直紧盯国外湿喷技术发展情况,对湿喷台车进行研发,主要采取了引进消化和自主研发的开发模式,成功研制了各种大型的湿喷台车。

2008 年 6 月,中联重科股份有限公司(以下简称中联重科)整体并购意大利 CIFA。CIFA 是全球历史最悠久的混凝土机械设备制造商,成立于 1928 年。CIFA 于 1986 年制造了世界第一台混凝土湿喷台车,是同时具有隧道设备和混凝土设备制造经验的供应商。自与中联重科融合以来,推出了全新的 CSS-3 型混凝土湿喷台车(图 1-4),形成产品欧洲制造,中联重科营销网提供强大的技术支持的新格局。

2009 年,长沙科达建设机械制造有限公司(以下简称长沙科达)研发了 KC30 型湿喷台车,2013 年通过了国家质量技术检测中心检测鉴定;2014 年经湖南省经济和信息化委员会审查认定为湖南省重大装备创新技术产品。湿喷台车集结构设计、机构运动、液压传动、电气控制等先进技术于一体，实现了一机多能，适用于隧道、矿山、边坡等各种复杂工况的混凝土支护。KC30 型湿喷台车如图 1-5 所示。

图 1-4　CSS-3 型混凝土湿喷台车

图 1-5　KC30 型湿喷台车

2010 年，中国中铁工程装备集团有限公司（以下简称中铁装备）开始湿喷台车的研发；2012 年，SP30A 型湿喷台车完成工业试验，SP30A 型湿喷台车在技术上采取的是合作开发的路线：上装由 CIFA 公司开发，底盘由装备自主研发。2012 年底，在 SP30A 型湿喷台车的基础上，中铁装备开始 SP30B 型湿喷台车整机的自主研发；2015 年，SP30B 型湿喷台车开始量产（图 1-6）。

2011 年，中国铁建重工集团有限公司（以下简称铁建重工）第一台自主研发的大型 HPS3016 型混凝土湿喷台车下线（图 1-7），该台车集行走、泵送和喷射三大功能于一体，利用液压油和压缩空气为动力，通过臂架实现混凝土的输送和喷射作业，广泛应用于隧道、路基护坡等不同行业、不同场合的预搅拌混凝土、含钢纤维或聚合纤维的预搅拌湿混凝土喷射，也可根据用户需要进行干粉砂浆的喷射。该产品主要包括泵送机构、臂架结构、行走机构、压缩空气系统、液压系统、电气系统、添加剂系统等。

HPS3016 型混凝土湿喷台车的泵送系统，同时具有人工反泵和自动反泵两种功能。当发生堵管后，传感器信号传给计算机，进行自动反泵 3 个循环，消除堵管现象；当堵管现象严重时，根据情况进行人工反泵操作，消除堵管现象。臂架系统采用独特的二级回转台结构设计和可以前后移动的导轨结构，配合全液压驱动的三节折叠臂和一节伸缩臂的结构，臂架同

图 1-6 SP30B 型混凝土湿喷台车

图 1-7 HPS3016 型混凝土湿喷台车

时具有二级回转、一个整体滑移和一个小臂伸缩功能。具有独特的自动喷射功能；采用自制专用刚性底盘,全液压驱动形式,四轮驱动、两轮转向,采用八字斜撑式液压支腿有效保证了整车的稳定性,同时,配合实时监测 4 个支腿压力的防倾翻系统,确保了喷射作业时设备时刻处于稳定状态。添加剂的泵送量按设定的添加比例由设备自动控制执行,一旦添加剂的种类和掺量确定并输入系统后,系统就会保存混凝土与添加剂之间的比例。

随后,铁建重工相继研发了 HPS 系列混凝土湿喷台车(表 1-2 和图 1-8),该系列混凝土湿喷台车具有整机机动性好、自动化程度高、臂架喷射范围大、性能稳定、操作简单、安全可靠、生产率高、回弹低、施工质量高的特点,适应了国内隧道施工机械化、高效、环保、安全的发展趋势,对环保和振兴民族产业具有重要的意义。同时,在设备购置成本、服务、配件供应等方面都具有明显优势。

铁建重工 HPS 系列混凝土湿喷台车   表 1-2

产品型号	结构形式	臂架喷射范围	适用范围	备注
HPS3016 型混凝土湿喷台车	集行走、泵送、喷射于一体,轮胎行走方式	喷射高度:17.5m;喷射宽度:31.4m	大型隧道	两轮转向
HPS3016S 型混凝土湿喷台车				四轮转向
HPS3016G 型混凝土湿喷台车				高原型
HPSD3010(W)型混凝土湿喷台车	集行走、泵送、喷射于一体,履带行走方式	喷射高度:11.5m;喷射宽度:21m	中型隧道	
HPS08 + HBS30 型湿喷台车组	HPS08 型喷射湿喷台车:集履带行走、喷射于一体	喷射高度:10m;喷射宽度:15m	中型、小型隧道	自行走、喷射
	HBS30 型喷射泵:输送混凝土和速凝剂,拖动行走	泵送能力:30m³/h		泵送混凝土、速凝剂,中间管路连接

2012 年,三一重工并购世界级混凝土制造企业德国普茨迈斯特,并购之后,三一重工与普茨迈斯特一直实行双品牌战略。2015 年 5 月 5 日,三一重工与普茨迈斯特签订了混凝土

湿喷机代理协议,三一重工由此成为普茨迈斯特湿喷台车在中国区的销售和服务独家总代理,双方的合作进一步深化,由混凝土泵送设备领域全面进入隧道施工设备领域。2015年8月8日,普茨迈斯特西班牙公司与三一重工举行正式的独家代理授权仪式。图1-9为SPM500型湿喷台车照片。

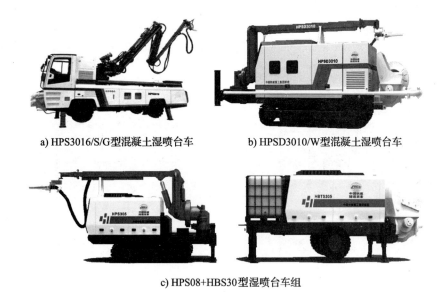

a) HPS3016/S/G型混凝土湿喷台车　　b) HPSD3010/W型混凝土湿喷台车

c) HPS08+HBS30型湿喷台车组

图1-8　铁建重工HPS系列混凝土湿喷台车

图1-9　SPM500型湿喷台车

随着国家环保政策的进一步加强,低碳经济的提倡,以及中国铁路、公路、水电、市政工程的快速发展,种种有利的外部条件为国内混凝土湿喷台车的生产企业提供了较大的发展空间。根据行业技术发展、市场竞争的基本分析,可以认为:支护技术,特别是混凝土喷射技术及其相关设备正处于发展的高峰期,技术由干喷向湿喷方向发展,由人工简单操作向湿喷台车、湿喷台车组方向发展。

1.2 我国混凝土湿喷台车的应用现状

我国作为一个多山、多矿产和多水利建设的大国,在国民建设与军事建设中都需要大量使用混凝土喷射技术。根据专家预测,为了满足人类可持续发展的需要,21世纪将是地下空间大发展的世纪,届时人类将在地下发展更多的交通、娱乐空间、工作空间,甚至居住的空间。

在我国,由于种种原因,干喷机与潮喷机一度长期作为喷混凝土作业的主要设备,且主要依靠人工喷射,如图1-10所示。

图1-10 人工手动喷浆

人工喷射有其自身无法回避的问题:
(1)工人劳动强度大,效率低下,喷射速度$3m^3/h$。
(2)作业环境恶劣,工人易患硅肺病。
(3)喷射混凝土结构松散,后期强度低(C25混凝土28d抗压强度为10MPa左右),易坍方、掉块。
(4)回弹量大,人工多,喷射成本高。
(5)作业面人数多,安全风险大。

然而,相对于采用湿喷台车进行施工,施工单位还是更愿意选择人工喷射,湿喷台车在国内一直未大范围推广,其主要原因有:

(1)湿喷台车价格较干喷机高,施工单位不愿使用,国内湿喷台车产品与国外同类产品相比还不够完善,性能差距较大,生产规模较小,各种大型的湿喷台车都是从国外引进的设备,设备的价格门槛较高。

(2)湿喷混凝土施工成本,通常高于干喷混凝土施工成本,湿喷混凝土的拌料混合和运输成本较高,湿喷台车对操作人员和环境条件要求也较高。

(3)对湿式喷射混凝土可以提高喷射质量的认识不足。
(4)环保意识不强。
(5)工人的劳动保护意识不强。
(6)湿喷台车技术不过关,设备维修不到位。湿喷施工整体规模较小,为控制成本,多是一套设备服务于多个工况,造成设备故障率增高,维修难度加大。

随着现代科技的发展，人们意识的提高，环境保护和以人为本的话题得到越来越多的关注，国家法律建设也越来越完善，上述的问题正逐步得到解决。

(1) 国家政策鼓励机械化施工。

2013年9月，我国交通运输部发布的《关于进一步加强隧道工程质量和安全监管工作的若干意见》中，明确指出，要广泛应用隧道施工新型机械设备。同时，在《高速铁路隧道工程施工技术指南》中，也明确要求喷射混凝土应采用湿喷工艺。建设单位应从提升工程质量保障能力出发，引导和鼓励施工单位提升隧道施工装备水平，改善施工条件、降低劳动强度、减少人为偏差，积极采用混凝土喷射设备等。喷射混凝土应采用湿喷工艺，保证强度、厚度和均匀性，严禁干喷。随着国家对工程质量、作业安全、职业健康等方面的要求不断提高，混凝土喷射设备必将迎来一个高速发展的时代。

(2) 施工单位管理区域规范化，工程趋于规模化，积极响应国家机械化施工政策。

随着市场经济的发展，国家资源全面整合重组，国内的隧道施工、建设单位经过多年的市场筛选熔炼，逐步形成了几大建设集团。

(3) 国内研发能力提升，国产化产品趋于成熟，混凝土喷射设备逐步系列化、标准化。

国内一些设备厂家一直跟踪国际先进技术，如铁建重工通过不懈的创新研发，使湿喷混凝土国产化产品技术趋于成熟，产品性能趋于国际先进。

一方面，与干喷、人工喷射混凝土相比，使用国产机械化混凝土湿喷台车优势更加明显。表1-3是铁建重工的HPS3016型混凝土湿喷台车与干喷机、小型手持式湿喷机的性能对比。

干喷机、手持式小型湿喷机与国产混凝土湿喷台车喷射性能对比　　　　表1-3

名　称	干喷机	手持式小型湿喷机	湿喷台车
混凝土配合比质量	差，靠人力经验控制	较好，速凝剂调节精度差	好，质量可控，能自动调节速凝剂
生产率(m^3/h)	3~4	3~4	20~30
回弹率(%)	30~50	20~30	15~25
粉尘	粉尘大，严重影响健康，容易造成职业病	粉尘较少，对人危害少	粉尘较少，对人危害少
安全性	操作人员在喷射面，存在较大危险	操作人员在喷射面，存在较大危险	操作人员远离喷射面，基本无危险
现场操作人员(人/台)	5~6	4~5	3
劳动强度	人工操作，劳动强度大	人工操作，劳动强度大	无线遥控，自动喷射，劳动强度很小
外接供风设备	需外接空压机	需外接空压机	自带或外接空压机

虽然在购置前期混凝土湿喷台车相对于干喷机和小型手持式湿喷机的一次性资本投入较多，但是综合考虑设备的技术价值和使用设备带来的长期能源、资金消耗，使用混凝土湿喷台车优势更加明显。从工程经济学角度分析，混凝土湿喷台车的推广是完全可行的。

另外，国产混凝土湿喷台车产品性能与国外产品不相上下，甚至更有优势，见表1-4。

国产 HPS3016 型混凝土湿喷台车与德国 PM500PC 型混凝土湿喷台车性能对比　表1-4

产品型号	HPS3016 型混凝土湿喷台车	PM500PC 型混凝土湿喷台车
混凝土湿喷台车形式	两级回转、三节臂转动一节臂伸缩、回转座滑移	两节臂转动伸缩
最大喷射高度(m)	17.5	16
一次定位工作范围(m)	9	2
自动喷射	有	无
驾驶	双向驾驶	单向驾驶
控制方式	有线遥控/无线遥控	有线遥控
臂架动作	1个动作,轻松实现弧面喷射	需3个动作转换,实现弧面喷射

与此同时,随着湿喷台车设计的优化,在保证性能的前提下,合理降低成本,使国产湿喷设备相对于国外进口产品在价格方面优势突出;形成满足不同围岩条件下的系列化产品,便于客户在购置产品时,在产品性能和经济性之间选择符合自身需求的产品。

另外,铁建重工和中联重科正在与国家行业标准化相关部门合作,共同制定国内混凝土喷射设备的行业标准,标准中将明确设备名称(混凝土湿喷台车)、参数定义、验收规范等相关事项,使国产湿喷台车产品趋于规范化。

(4)国内厂家逐步完善的产品服务模式,为混凝土湿喷台车的应用推广提供了有力保障。

随着混凝土湿喷台车的应用推广,国内混凝土湿喷台车的配套服务模式也得到逐步完善,混凝土湿喷台车的主要厂家在全国范围内建立了多个设备服务站点,提供专业的技术服务支持,及时组织产品介绍、技术交流和专题讲座工作,使国产混凝土湿喷台车一经面世就能很快地为客户所熟悉,加快了混凝土湿喷台车的产品应用推广。

另外,部分企业还配套提供混凝土湿喷台车操作员培训业务,通过专业授课、现场培训和实操培训,为施工单位训练具备设备操作、整机调试、故障维修、程序处理和维护保养能力的专业技能型人才,进一步推动了混凝土湿喷台车在国内施工中的应用,图1-11为某企业搭建的混凝土湿喷台车操作员实操训练场。

图1-11　混凝土湿喷台车操作员模拟实操训练场

现在,混凝土湿喷台车已越来越多地取代人工喷射成为喷混凝土作业的主要机具。统计表明,自2013年开始,国产混凝土湿喷台车的销量突飞猛进,它在一定程度上反映了混凝土湿喷台车越来越受到施工单位的青睐。

随着混凝土湿喷台车产品技术的提升,逐渐改善了湿喷质量、作业环境等,这使混凝土湿喷台车有了更广阔的应用空间,可适用于台阶法等施工方法。混凝土湿喷台车在工程中的具体应用如图1-12~图1-14所示。

图1-12 HPS3016型混凝土湿喷台车应用在沪昆高铁怀化崔家冲隧道施工

图1-13 SP30型混凝土湿喷台车应用在昆明乌东德水电站施工

图1-14 HPS3016G湿喷台车在国内第一条海拔+4800m隧道喷射施工

第 2 章 湿喷混凝土支护的基本原理及喷射材料

2.1 湿喷混凝土支护

2.1.1 喷射混凝土及喷射方式

喷射混凝土是借助喷射机械,利用压缩空气或其他动力,将按一定比例配合的混凝土拌合料,通过管道输送并以高速喷射到受喷面上凝结硬化而成的一种混凝土。根据喷射混凝土的不同工艺、不同材料特点,可以将其喷射方式分为干喷、潮喷、湿喷。

1) 干喷法

干喷法发展最早,应用最广泛。它是将干料拌和后送到喷头处与水混合,再喷射至受喷面上的一种方法。其工艺原理为:在喷射之前将水泥、集料(不含水)搅拌后的混合料送入干喷设备,用压缩空气使干集料在软管内呈悬浮状态压送到喷枪,再在喷嘴处与高压水混合,以较高速度喷射到岩面上。干喷法机械结构简单,施工操作简单。其不足之处:作业环境粉尘量较大(有尘肺病威胁);水和速凝剂无法准确控制,混凝土强度较低(普遍 C15 水平)、离散性较大、材料回弹率较高(20%~50%);多采用人工作业模式,生产效率较低、劳动强度非常大。

2) 潮喷法

由于干喷存在粉尘大、骨料不含水,处理较困难等缺点,因此将其改良为潮喷法。即将骨料预加少量水,使之呈潮湿状,再加水泥拌和,粉状速凝剂在喷射时再添加,从而降低上料、搅拌和喷射时的粉尘浓度。其工艺特点与干喷法基本相同,唯一区别是作业环境中粉尘浓度有所降低(仍然远低于湿喷法)。

3) 湿喷法

湿喷法是将水泥、粗细骨料、水及涂加剂按照特定配合比预先均匀拌和,液体速凝剂在喷嘴处添加,将形成的混凝土拌合物通过压缩空气动力喷射到受喷面。湿喷法粉尘少、回弹率低、混凝土品质可控。相对而言,湿喷设备成本偏高、操作技能要求较高。

湿喷法与干(潮)喷法最大的不同有三点:一是喷射品质的巨大差异,湿喷法喷射按性能要求设计混凝土配比,并预先将混凝土搅拌均匀,液体速凝剂在喷嘴处计量添加,拌合物为一定工作性的混凝土,水胶比可控,速凝剂掺量准确,可均匀掺入混凝土耐久性所需的各种外加剂和外掺料;而干(潮)喷法喷射砂、石骨料、水泥、粉状速凝剂和水的简单混合拌合料,水胶比、速凝剂掺量无法控制,混凝土所需的其他外加剂和外掺料无法均匀加入,喷嘴处拌合物中水与胶凝材料搅拌不均匀、不充分,胶凝材料与骨料比例(胶集比)变化较大,速凝剂计量不准(过量或不足)等现象普遍存在,尤其是粗骨料少掺、不掺或粒径变小等形成的喷射砂浆结构,造成高回弹现象使设计支护参数根本无法保证;二是作业环境粉尘差异,湿喷法粉体以浆体方式附着并包裹骨料,作业环境中粉尘浓度低,无游离态 SiO_2 存在,尘肺病危害较低;干(潮)喷法粉体以游离态 SiO_2 存在,作业环境粉尘浓度高,直接导致高尘肺病危害;三是湿喷法可采用半机械化作业甚至机械化作业模式,而干(潮)喷法只能采用人工作业模式,因此湿喷法作业效率大幅提高、劳动强度大大降低。

2.1.2 湿喷混凝土支护的基本原理

新奥法为新奥地利隧道施工方法的简称,英文简写为 NATM。其概念是奥地利学者拉布西维兹教授于 20 世纪 50 年代提出的,它是以隧道工程经验和岩体力学的理论为基础,将钢结构、锚杆和喷射混凝土组合在一起,作为主要支护手段的一种施工方法。

新奥法特点是在开挖面附近及时施作密贴于围岩的薄层柔性喷射混凝土、锚杆和钢结构,尽量利用围岩自承能力控制围岩的变形和应力释放,调整围岩应力重分布而达到新的平衡,再通过隧道围岩变形的量测和监控,调整支护参数。它适用于各种不同的地质条件,在软弱围岩中更为有效,软岩隧道喷射混凝土可及时封闭围岩,防止掉块。喷射混凝土使用软岩隧道支护二次施工工艺。一次支护为初喷和安装锚杆,边掘边喷,先喷后锚。锚杆通过托板托住喷层。在缩小混凝土喷射层跨度的同时,保证了锚杆钻机钻孔和安装作业的安全。二次支护即复喷,在隧道围岩变形趋于稳定时施工,从而保证隧道的持久稳定。

湿喷混凝土支护主要作用如下:

(1) 支撑作用

喷射混凝土支护具有良好的物理力学性能。特别是较高的抗压强度,能够承担支撑地压的作用。又因其中掺有速凝剂,使混凝土凝结快、早期强度高,紧跟掘进工作面起到及时支撑围岩的作用,有效地控制了围岩的变形和破坏。

(2) 充填作用

由于喷射速度很高,混凝土能及时地充填围岩的裂隙、节理和凹穴,将较为松散的岩体黏结成为整体,大大提高了围岩的整体强度。

(3) 隔绝作用

喷射混凝土层封闭了围岩表面,使围岩隔绝了空气和水,有效防止了因风化潮解而引起的围岩破坏与剥落。同时,由于围岩裂缝中充填了混凝土,使裂隙深处原有的充填物不致因风化作用而降低强度,也不因水的作用而使得原有的充填物流失,进而使围岩保持原有的稳定和强度。

(4) 转化作用

由于前三个作用的结果,不仅提高了围岩的自身支撑能力,而且使混凝土层、锚杆、钢结构与围岩形成了一个共同工作的力学统一体,将岩石荷载转化为岩石承载结构,从根本上改变了支架消极承压的弱点。

2.2 湿喷混凝土材料及工艺要求

2.2.1 喷射材料

喷射混凝土的技术性质,在很大程度上是由喷射材料的性质及配比决定的,同时与施工工艺有关。因此，必须了解喷射材料性质、作用及其质量要求，合理选择喷射材料和配比，才能保证喷射混凝土质量。

湿喷混凝土在喷射作业之前的拌合物与普通混凝土相同，均是由水泥、砂、石、外加剂、外掺料、水组成。在混凝土中砂、石起骨架作用，称为骨料；水泥与水形成水泥浆，水泥浆包裹在骨料表面并填充其孔隙，在硬化前，水泥浆起润滑作用，赋予拌合物一定的和易性，便于运输和喷射时管道内的输送。水泥硬化后，则将骨料胶结成一个坚实的整体。外加剂和外掺料一方面可以改善拌和工作性能，另一方面可以改善水泥石结构的物理密实及化学密实性能。

喷射混凝土主要原材料有：水泥、细骨料、粗骨料、水、减水剂、速凝剂等，此外，还有粉煤灰、磨细矿渣粉（矿粉）、微硅粉以及纤维材料（钢纤维、聚丙烯纤维、纤维素纤维）等。

1）水泥

混凝土中的骨料本身不具有流动性，骨料是均匀分散在有足够浓度的水泥浆中被水泥浆包裹并随水泥浆移动的。骨料表面的浆层越厚，润滑作用越好，泵送越顺利。为保证混凝土的可泵送性，其水泥用量大于非泵送混凝土，因此成本高于非泵送混凝土。在满足强度要求的同时，泵送混凝土中水泥+细粉料的总量应不少于$400kg/m^3$。

水泥宜采用硅酸盐水泥或普通硅酸盐水泥，强度等级不小于42.5MPa，水泥的安定性、凝结时间均应合格，且与液体速凝剂相容性较好，过期、受潮结块或混合的水泥均不得使用。具体水泥的品种和规格需根据隧道支护工程要求、水泥对所用的速凝剂的适用性以及现场条件而定。有特殊要求时，应使用相应的特种水泥。当喷射混凝土要求凝结快、早期强度高时，应优先选用硅酸盐水泥，也可以根据实际情况，在作业点无水或岩体较稳定的情况下选用矿渣硅酸盐水泥或火山灰质硅酸盐水泥。如现场水中硫酸根离子含量高，设计规定混凝土要有防腐蚀要求时，应选用抗硫酸盐水泥；如果采用碱性速凝剂时，不得使用矾土水泥。不同工程用途采用的水泥品种见表2-1。

不同工程用途采用的水泥品种　　　　　　　　　表2-1

用　　途	建议采用的水泥品种
一般工程	普通硅酸盐水泥、火山灰质硅酸盐水泥、矿渣硅酸盐水泥
水下工程	火山灰硅酸盐水泥、矿渣硅酸盐水泥、石灰矿渣水泥
紧急抢修工程	快硬硅酸盐水泥、高强水泥
抗冻工程	塑化硅酸盐水泥
耐腐蚀工程	普通耐酸水泥
防水工程	硅酸盐膨胀水泥、膨胀性不透水水泥

为适应喷射混凝土技术的发展，改善施工工艺，近年来研制出超早强水泥、煤矸石速凝早强水泥以及喷射水泥等，它们都具有明显的速凝、早强、快硬、高强和膨胀等优良性能。使用这些水泥进行混凝土喷射时，不再需要添加速凝剂。

2）骨料

具有良好连续级配、立体性好、严格控制针片状和超径石含量的骨料，是减少堵管、顺利泵送的必要条件。

天然卵石的表面积小、表面光滑无棱角，有利于提高可泵送性。在有条件的地方，使用天然卵石，是提高混凝土可泵送性的重要措施。但常见的天然卵石中针片状含量高、超径料多、级配无连续性，必须经筛分、去除过多的针片状石，再按级配补充一定粒径卵石，以保证连续级配。

用"石打石"工艺生产、经筛分的机制砂石，连续级配较好，针片状少。进入破碎系统时可以严格控制原料质量，碎石的强度有保证，可以做到不含泥粉。但是，机制碎石的表面面积大，水泥用量要稍有增加；表面棱角多，也不利于泵送。

用颚式破碎机生产的机制碎石，针片状含量过多，超径针片状也难控制。此种碎石不仅会造成泵送时经常堵管，而且使设备管道的磨损严重。因此，虽然骨料的备料成本降低，但泵送工效下降、设备损耗增大、总体的施工成本增大。故颚式破碎机生产的碎石不适合用作泵送混凝土的骨料。

具体的骨料可分为细骨料和粗骨料。

(1) 细骨料：粒径在4.75mm以下的骨料。主要有河砂(天然砂)、机制砂(人工砂)，其主要技术指标有：表观密度、细度模数、颗粒级配、含泥量、泥块含量、吸水率、坚固性等等。对于喷射混凝土，宜选用级配合理、细度模数为2.7~3.2的坚硬耐久的中粗砂，泥块含量不应大于1%，含泥量不应大于3%。细砂会增大水泥用量，增加混凝土的干缩量和降低混凝土的强度，过细的粉砂中小于5μm的颗粒和游离SiO_2的含量较大，易产生大量粉尘，影响工人身体健康，不宜使用。具体喷射混凝土用砂的技术要求见表2-2。

喷射混凝土用砂的技术要求 表2-2

参 数		技 术 要 求			
颗粒级配	筛孔尺寸(mm)	0.15	0.3	1.2	5.0
	累计筛余(以质量分数计)(%)	95~100	70~95	20~55	0~10
泥土质含量/用冲洗试验(按质量分数计，不大于)(%)		3			
硫化物和硫酸盐含量 (折算为SO_4^{2-}，按质量分数计，不大于)(%)		1			
有机质含量(用比色法试验)		颜色不应深于标准色；如果深于标准色，则以混凝土强度进行对比试验，加以复核			
含水率(%)		<6			

(2) 粗骨料：粒径在4.75mm以上的骨料。粗骨料主要是碎石、卵石以及二者的混掺料，其主要技术指标有颗粒级配、最大粒径、压碎指标、有害杂质、针片状颗粒含量等。喷射混凝土中的石子最大粒径不应大于20mm，规格宜采用5~16mm连续级配。应严格控制集料中超径石含量，含泥量不应大于1%，泥块含量不应大于0.25%。具体喷射混凝土用粗骨料的技术要求见表2-3。

3) 拌和用水

凡能饮用的自来水及洁净的天然水都可以作为喷射混凝土用水。拌和水中不应含有影响水泥正常凝结与硬化的有害物质，不得使用污水以及pH<4的酸性水、含硫酸盐量按SO_4^{2-}计算超过水重的1%的水。

喷射混凝土用粗骨料的技术要求　　　　表2-3

参　　数		技　术　要　求		
颗粒级配	筛孔尺寸(mm)	5	10	20
	累计筛余(以质量分数计)(%)	95~100	30~60	0~5
强度	品种		碎石	卵石
	以岩石试块(边长≥50mm的立方体)在水饱和状态下的抗压极限强度,与混凝土设计强度等级之比(%)		≥200	
	软弱颗粒含量(按质量分数计)(%)		≤15	≤5
	针状、片状颗粒含量(按质量分数计)(%)			≤15
	泥质杂质物含量(用冲洗法试验)(%)			≤1
	硫化物和硫酸盐含量(折算为SO_4^{2-},按质量分数计)(%)		≤1	≤1
	石粉含量(按质量分数计)(%)		≤2	
	有机质含量(用比色法试验)		颜色不应深于标准色;如果深于标准色,则以混凝土强度进行对比试验加以复核	

注:1. 有抗冻性要求的混凝土所用碎石,除应满足上述要求外,还应具有足够的坚硬性,在硫酸钠溶液中浸泡至饱和使其干燥,循环试验5次后,其质量损失不得超过10%。
2. 碎石、卵石应保持洁净,不得混进含有黏土团块和有机质等。

4)添加剂

添加剂的剂量,必须通过预先的黏结性测试来确定。添加剂的作用是使混凝土形成良好的受力整体,喷射混凝土用最大剂量的添加剂必须使混凝土满足以下情况:应对混凝土的强度及与围岩的黏结力基本无影响;对混凝土和钢材无腐蚀作用;对混凝土的凝结时间影响不大(除速凝剂和缓凝剂外);匀质性和稳定性良好,易于保存;不污染环境,对人体无害。在采用其他类型的添加剂或几种添加剂复合使用时,也应做相应的性能试验和使用效果试验。

(1)液体速凝剂

液体速凝剂是湿喷混凝土最常用、最关键的添加剂。喷射混凝土是一种速凝混凝土,速凝剂对混凝土的凝结速度和强度发展有着重要的影响,是喷射混凝土施工法中不可缺少的添加剂,其效果直接影响喷射混凝土的喷射质量及使用性能。速凝剂的作用是加速水泥的水化硬化,在很短的时间内形成足够的强度,以适当加大一次喷射厚度,缩短两次喷射之间的时间间隔,及时提供支护抗力,以保证特殊施工的要求。速凝剂种类繁多,按产品形态,可分为固态和液态速凝剂;按其碱的含量,可分为碱性、低碱和无碱液体速凝剂。速凝剂的技术指标主要有:凝结时间、早期强度、后期强度保证率、固含量等。

液体速凝剂更易均匀分散于混凝土拌合物中,从而避免硬化混凝土质量波动,提高喷射混凝土品质。液体速凝剂按碱含量的不同,可分为碱性液体速凝剂、低碱液体速凝剂和无碱液体速凝剂。由于碱性物质对喷射混凝土性能的不利影响,近些年低碱、无碱液体速凝剂得到越来越多的应用。尤其是在日本、欧洲等发达国家,几乎不存在碱性速凝剂,国内也开始越来越多采用无碱液体速凝剂。无碱液体速凝剂为速凝剂的发展指明了方向。国内常用的速凝剂品种及性能见表2-4。

常用的速凝剂品种及性能　　　　　表2-4

型　号	掺量,占水泥质量比（%）	凝结时间(s) 初凝	凝结时间(s) 终凝	强度损失(%)
红星1型	2.5~4	90	315	27~40
阳泉1型	3	135	195	20~30
711型	2~4	35	190	15~33
731型	4~7	385	570	8~28
尧山型	3~5	238	4~45	14~32
782型	6~8	75	195	0

（2）减水剂

减水剂是一种维持混凝土坍落度不变的条件下,能减少拌和用水量的混凝土添加剂。其加入混凝土拌合物后对水泥颗粒有分散作用,能改善混凝土工作性能,减少单位体积用水量,改善混凝土拌合物的流动性;或减少单位体积水泥用量,节约水泥。

湿喷混凝土中使用的减水剂要尽量选用非缓凝型的减水剂,或对速凝剂的凝结效果无影响的减水剂。减水剂与水泥、掺合料之间应具有良好的相容性。当将不同功能的多种添加剂复合使用时,添加剂之间以及添加剂与水泥之间应有良好的适应性。用于喷射混凝土的减水剂种类及掺量,见表2-5。

用于喷射混凝土减水剂种类及掺量　　　　　表2-5

名　称	状　态	掺量(%)
FDN	固体	0.2~1.0
SN-1	固体	0.5~1.0
SN-1	液体	1.5~2.0
NF	固体	0.5~0.7
UNF-2	粉状	0.3~0.5
AU		0.5~1.0

减水剂的主要功能是减水增强（表2-6）、减水引气、工作性保持、降低水泥初期水化热、塑化、提高拌合物黏聚性、节省水泥或替代特种水泥。

减水剂对混凝土强度的影响　　　　　表2-6

名称	掺量（%）	水灰比	坍落度（cm）	减水率（%）	抗压强度(MPa) 3d	抗压强度(MPa) 7d	抗压强度(MPa) 28d
SN-1	0.5	0.62	8.0	14	14.3	20.5	33.7
SN-1	0.75	0.608	7.4	17	16.7	23.8	38.5
SN-1	1.0	0.59	5.0	21	20.9	28.9	40.7
UNF	0.5	0.44	2.6	15.7	8.9	15.0	28.0

续上表

名称	掺量（%）	水灰比	坍落度（cm）	减水率（%）	抗压强度（MPa）		
					3d	7d	28d
AU	1.0	0.52	5.1	20.0	14.8	20.3	31.1
	0.75	0.53	5.5	18.0	14.1	19.1	29.0
	0.5	0.58	5.4	15.0	14.3	18.6	30.1
NF	0.7				20.0	21.6	29.3

5) 外掺料

喷射混凝土外掺料，主要包括矿物外掺料（微硅粉、粒化高炉矿渣粉及粉煤灰等）及纤维（聚丙烯纤维、钢纤维、纤维素纤维等）。

矿物外掺料的作用，主要是改善喷射混凝土的工作性能、力学性能、抗渗性能以及长期耐久性能。其中，粉煤灰的等级不宜低于Ⅱ级，其他性能应符合现行国家标准《用于水泥和混凝土中的粉煤灰》（GB/T 1596—2005）的有关规定。粒化高炉矿渣粉的等级不应低于S95，其他性能应符合现行国家标准《用于水泥和混凝土中的粒化高炉矿渣粉》（GB/T 18046—2008）的有关规定。微硅粉中的比表面积不宜低于 $18000cm^2/g$，其他性能应符合现行国家标准《高强高性能混凝土用矿物外加剂》（GB/T 18736—2002）的有关规定。矿物外掺料可单掺取代部分水泥，也可以根据具体的设计要求和施工需要采取双掺或多掺，其具体掺量应通过试验确定。

喷射混凝土与普通混凝土一样，存在抗拉强度低、极限延伸率小、性脆等缺点，纤维抗拉强度高、极限延伸率大，掺入混凝土可有效弥补上述不足。主要表现为：在受荷（拉、弯）初期，水泥基料与纤维共同承受外力，而前者是外力的主要承受者；当基料发生开裂后，横跨裂缝的纤维成为外力的主要承受者。同时，纤维掺入混凝土，可改善喷射混凝土黏性，降低喷射混凝土回弹率，钢纤维喷射混凝土一定条件下可达到钢筋网喷射混凝土同等抗弯韧性指标。喷射混凝土所用纤维应符合现行标准《纤维混凝土结构技术规程》（CECS 38—2004）的有关规定。

钢纤维的种类有普通圆钢丝、纹钢丝、刻槽钢丝、变形钢丝及矩形断面钢纤维等，所有钢纤维的抗拉强度不应低于380MPa。钢纤维的直径为0.3~0.5mm，长度为20~25mm（不得大于25mm）。

2.2.2 喷射混凝土的要求

凡是要用活塞式泵来泵送的混凝土，泵送成功与否，与混凝土的质量好坏有密切关系。混凝土的可泵送性，与水泥用量、砂石料的粒径、形状及连续级配、适中的坍落度（可塑性和流动性）、和易性等因素有关。为减少堵管、顺利泵送，技术上要求混凝土在被泵送的过程中具有良好的流动性和塑性，同时又不发生离析。因此，对混凝土的设计配比、用料质量和搅拌质量提出了严格要求，以保证混凝土具有可泵送性。

1) 坍落度

混凝土的坍落度是评价其塑性、柔软性或黏稠度的常用指标。坍落度太小的混凝土较干硬、难变形、难流动，难以泵送，易发生堵管。坍落度过大的混凝土，浆液黏稠度太小，易泌水、骨料间空隙率大、易离析；泵送过程中浆液可能在压力作用下从骨料间的空隙中流走而留下骨料，造成泵送中堵管。严格控制坍落度是泵送顺利的关键。理论上坍落度在5~20cm之间都可以泵送。但是坍落度在5~9cm的混凝土泵送，要求泵送设备的压力高，对设备和管道的磨损大，不仅提高了泵送设备的运转成本，而且造成设备损坏的概率增大。坍落度在超过20cm后，混凝土泌水和离析的概率增大，堵管发生的可能性也增大。比较合理的可泵送混凝土的坍落度范围是16~20cm。在进入泵送设备时最好保持在14~18cm。影响坍落度的因素很多，如水泥用量、水灰比、骨料级配和含量、细粉料含量和添加剂的使用，以及水泥、骨料等在搅拌前的温度等，都对坍落度有影响。外部环境条件和作业过程，也会影响混凝土的坍落度。例如，预拌好的混凝土在较高气温下用搅拌输送车运输的时间长短，也会影响水分蒸发和坍落度损失等。严禁在泵送现场对坍落度过小的混凝土加水来提高坍落度。可以在输送车搅拌罐中，按混凝土试验室事先试验测定的限量加入泵送增塑类外加剂，经加速搅拌5~10min后，坍落度可以得到提高，这样，既能保证可泵送性，又不影响水灰比和混凝土强度。

2）水灰比

加水量多少对混凝土质量至关重要，如图2-1所示。水多、水灰比大，会增加混凝土的流动性。但加大水灰比一方面会造成强度下降或加大水泥用量，另一方面，稠度小的混凝土有离析的趋势。泵送时，若浆液的浓度小（水多），浆液会在输送压力作用下经骨料间空隙流向低压处，骨料有可能过多留置、集中在管道中某个弯曲半径小的位置，造成堵管。因此，用增加水灰比的方法调整流动性的余地很小，而且风险很大。因此，不主张增大水灰比。

水灰比与混凝土强度有关。水灰比一经设计确定，不得随意更改。

我国混凝土国标规定，混凝土流动性降低或水分损失，可以在保证设计水灰比不变的前提下，用水、水泥、砂等作适当调整，以改善流动性。任何情况下，不管出于什么原因，在运送、浇注、喂料泵送、喷射或振捣等过程中，对显得干硬的混凝土随意加水，都是错误的、不可取的。这不仅易导致泵送堵管，更主要的是破坏了混凝土原有水灰比，使混凝土强度降低，严重威胁整个工程的质量。

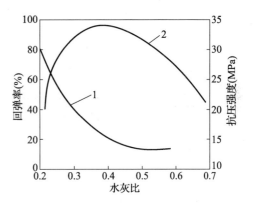

图2-1 水灰比与回弹率、抗压强度的关系
1-水灰比与回弹率的关系；2-水灰比与混凝土抗压强度的关系

3）喷射材料配比的要求

由于成型方式不同及速凝强度的变化，喷射混凝土与普通混凝土在配合比设计方面既有相似之处，又有不同之处。喷射混凝土配合比设计须考虑以下3个方面的影响因素，即水胶比法则、射流密实成型和速凝剂强度折损。

配制混凝土时，宜优先选用中砂。当采用粗砂时，应提高砂率，并保持足够的水泥或胶凝材料用量，以满足混凝土的和易性；当采用细砂时，宜适当降低砂率。

喷射混凝土要求拌合物（未喷射之前的混凝土）具有一定的工作性，即要求拌合物要具备较好的流动性、适宜的黏聚性和不离析泌浆的性能。其拌合物坍落度应满足运输及喷射作业要求,并与湿喷设备相匹配。

配合比是否合理直接影响喷射混凝土的效果,应根据不同的用途和具体喷射位置来合理确定配合比。基于喷射混凝土施工工艺特点,合理的配和比,既要使喷层具有足够的抗拉、抗压、黏结强度以及较小的收缩变形,又要使水泥的用量少、混凝土的回弹率低、机械故障率低。

喷射混凝土混合材料体积配合比是指 $1m^3$ 喷射混凝土中,水泥、砂、石子所占比例。为减少喷射时的回弹物,喷射混凝土与普通混凝土相比,其石子用量要少得多,而砂子用量则相应增加,甚至可增加到50%。砂率高了,骨料总表面积就增加,这就势必造成更多的水泥浆包裹集料表面,以满足喷射混凝土强度的要求。根据我国喷射混凝土的经验,井巷支护中喷射混凝土的质量配合比可参照表2-7选用。

喷射混凝土的质量配合比　　　　表2-7

喷射部位	配合比	
	水泥∶粗中混合砂∶石子	水泥∶细砂∶石子
侧墙	1∶(2.0~2.5)∶(2.5~2.0)	1∶2.0∶(2.0~2.5)
顶拱	1∶2.0∶(1.5~2.0)	1∶(1.5~2.0)∶(1.5~2.0)

合理的水灰比有利于减少回弹率、降低粉尘浓度和保证喷射混凝土质量。喷射混凝土的水灰比,一般应控制在0.4~0.5的范围内,过高或过低的水灰比都将增加回弹率,降低混凝土的质量。喷射水泥砂浆的质量配合比为水泥∶砂子=1∶(2~3),水泥砂浆强度等级不低于C7.5,水灰比为0.45~0.55。

表2-8为混凝土湿喷台车在西成客专9标何家梁隧道施工中喷射混凝土材料的配比(C25喷射混凝土),坍落度为14~18cm。

喷射混凝土材料配比　　　　表2-8

序号	项目	质量(kg/m^3)	质量标准
1	水泥	450	42.5级硅酸盐水泥
2	砂子	1069	细度模数为2.5~3.2的中粗砂
3	碎石	892	粒径5~10mm,针片状颗粒少于8%
4	水	144	不得含有影响水泥正常凝结与硬化的有害杂质
5	速凝剂	19	液体速凝剂,初凝时间小于5min,终凝时间小于10min

2.2.3 喷射混凝土的工艺参数要求

喷射混凝土工艺主要由供料、压气、供水、供电四大系统构成。保证喷射混凝土的质量和施工进度的前提条件是必须保证各个系统合理的工艺参数。

1)材料参数

喷射混凝土的强度等级不能低于C20,混凝土轴心抗压强度10MPa、弯曲抗压强度11MPa、抗拉强度1MPa。

喷射混凝土的单位体积质量为2200kg/m^3,变形模量为$2.1×10^4$MPa。喷射混凝土与围岩的黏结力不低于0.5MPa。

2)工作压力

工作压力是指喷射混凝土正常施工时,混凝土湿喷台车气罐或转子体内的压气压力。气压是否合理,对于降低喷射混凝土的回弹率及隧道粉尘量,保证支护质量,防止输送管路堵塞等都有很大的影响。

为保证混凝土湿喷台车喷头处能够获得适宜的气压,以保持稳定、有效的喷射速度,必须根据气压在输送管路内的损失,及时调整喷头处的气压。为了降低回弹率和粉尘量,一般采用低气压。

3) 喷头方向

实践表明,喷头方向与受喷面垂直,并略微向喷射的部位倾斜,可使喷出的物料有相当部分直接冲入黏塑状态的混凝土中,从而避免一部分骨料与岩面直接碰撞,减少回弹量。

因此,除喷隧道边墙下部时,喷射角度可下俯10°~15°外,在其他部位喷射混凝土时,要求喷头的喷射基本垂直于围岩受喷面。

4) 喷头与受喷面的距离

根据喷射混凝土强度最高和回弹率最小原则,来确定喷头与受喷面之间的最佳距离。喷射距离过大,粗骨料喷射时所受空气阻力较大,相应喷射动能减小而无法嵌入混凝土,且有可能出现物料扩散较大,增大回弹量;相应地,如果喷射距离过小,粗骨料喷射时所受空气阻力很小,动能很大,同样会增加回弹率。

通常,供气压力为0.4~0.6MPa,最佳喷射距离为0.8~1.2m,受作业条件限制,最大距离不超过1.5m。

5) 喷层厚度

(1) 一次喷层厚度

如果一次喷层厚度过薄,等薄层硬结后再喷第二层,相当于又向岩层喷射,将会增加回弹率,影响效率;如果一次喷层过厚,混凝土层支撑不住自身的重量,就会出现错裂,甚至脱落,影响其黏结力和凝聚力。

因此,一次喷层的厚度,应根据岩层性质、围岩应力、巷道规格尺寸以及其他形式支护的配合情况等来综合考虑。同时,一次喷层厚度同喷射方向与水平面的夹角有较大关系,而且还与支护性质(永久支护或临时支护)有关。

一般一次喷层厚度为:添加速凝剂时,水平喷射100mm厚,向上喷射60mm厚;不添加速凝剂时,水平喷射70mm厚,向上喷射40mm厚。

(2) 喷层总厚度

一般喷层总厚度,初喷为30~50mm,复喷为50~100mm,总厚度不宜超过150mm;在含水层喷层厚度,初喷为50mm以上,总厚度不宜超过80mm,抗渗强度不低于0.8MPa。

(3) 喷射厚度控制

最佳的喷层厚度,应既能使围岩保持稳定,又允许围岩有一定塑性位移,以实现"卸压",有利于围岩承载能力的发挥和减小喷层的受弯应力。控制喷层厚度有以下几种方法:

①标桩法:当安设锚杆时,利用锚杆外露长度作标桩;如果不安设锚杆,则可在较平的岩面上,用速凝砂浆固定一些铁钉(或用$\phi 2$的铁丝制成"U"形钉),其长度比要求的喷射厚度长1cm,每平方米约埋1~2根。

②针探法及凿孔法。针探法:在喷射混凝土表面,每隔一定距离将针插入新喷而尚未凝

固的混凝土中,以探测混凝土厚度。但用此法为得知正确厚度势必多插多探,导致出现很多人为的孔眼,有损混凝土的密实性。凿孔法系在喷射混凝土后 2~4h,凿直径 20mm 的检查孔,探测混凝土厚度,孔距约 5m。

③摄影法:用一个"光隙光源"照射坑道围岩表面,形成显示某横断面围岩轮廓的"光带"。拍摄此光带即得到坑道围岩轮廓的图像。在喷射混凝土后,于同一位置第二次拍摄光带,得到喷射混凝土轮廓的图像。中线水平和比例尺,由安设在遮光板上的四个点控制,将这两次拍摄的胶片重叠洗印,即得到有两条光带的照片,两条光带间显示的即为喷射混凝土的厚度。用此法,可每 20m 测一个断面。

6)喷射时间间隔

因工程需要,有时喷射混凝土要求厚度往往超过一次喷射所能达到的最大厚度,需进行二次或多次复喷,其间隔时间的合理选用至关重要。喷射层间的间隔时间应以前一次喷射混凝土终凝后,且产生一定强度,能经受下次喷射混凝土的冲击而不至于损坏为准。合理的间隔时间与水泥品种、速凝剂掺量、环境温度、水灰比、施工方法等密切相关。操作时,可根据现场具体情况和施工作业规程的要求进行。

7)喷射顺序

喷射的顺序应"先墙后拱,自下而上"。如岩面凹凸不平时,应先喷凹处找平,然后向上喷射。喷射时,喷嘴料束应呈旋转轨迹运动,一圈压半圈,纵向按蛇形进行。转动半径一般在 15cm 左右,每次蛇形长度 3~4m 或根据速凝效果而定。喷射纵向第二行时,要依顺序从第一行的起点处开始,行与行之间需搭接 2~3cm。料束旋转速度原则上要均匀,不宜太慢或太快。喷射区段划分和喷头活动顺序如图 2-2 所示。

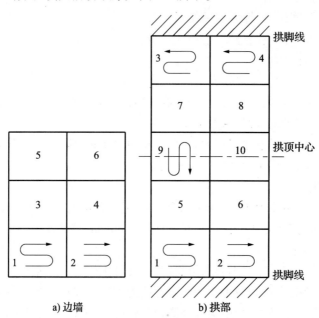

图 2-2 喷射区段划分和喷头活动顺序
1~10 为喷射顺序

因工程需要受喷面适当美观时,可在喷混凝土表面再喷射一层同强度等级水泥砂浆,此时喷射顺序应自上而下,喷头呈横扫方式运动,不能旋转或停留,以使表面平整光滑。

2.3 湿喷混凝土配合比设计优化与检测

2.3.1 优化方法

为了有效保障现场喷射混凝土的施工质量,首先在室内完成喷射混凝土配合比试验准备工作,然后在施工现场进行实际操作试验。

(1)选取控制标准:选择掺0%、5%、10%、15%粉煤灰与水泥相互组合后得出的凝结时间、强度等数理统计结果。

(2)室内进行不同湿喷混凝土配合比的比对试验,研究粉煤灰掺量对湿喷混凝土性能的影响。

(3)室内进行相同水胶比湿喷混凝土性能试验,并比对现场试验成果,研究湿喷混凝土施工配合比的设计方法。

(4)通过室内和现场试验,研究湿喷射混凝土的耐久性。

(5)通过室内和现场试验,研究湿喷射混凝土与岩石间的黏结强度、抗渗性。

根据试验结果,总结各种材料对改变喷射混凝土硬化性能及施工性能的具体影响,并进行工作性、经济性、耐久性分析。

2.3.2 喷射混凝土配合比设计参数对施工质量的影响

1)砂率

砂率宜控制在50%～60%,这是综合考虑喷射混凝土的施工性能和力学性能后得出的。砂率的大小,既影响喷射混凝土的施工性能,也影响其力学性能。当砂率低于50%时,回弹率高,管路易堵塞,施工工艺不易掌握,喷层厚度相应变薄,喷射混凝土强度离散性很大;当砂率过大,高于60%时,因粗骨料不足,喷射时石子对混凝土冲击捣实力不大,使喷射混凝土的强度降低,同时,使集料比表面积增大,要达到相应坍落度和流动性,水泥用量也要加大,既不经济,也会使混凝土收缩增大。

2)水灰比与坍落度

湿喷法喷射施工水灰比宜控制在0.42～0.50。水灰比影响喷射混凝土回弹率和强度:水灰比过大,回弹率虽然可以减小,但强度降低;水灰比过小,强度虽高,但回弹率也增高。采取湿喷法喷射施工时,水灰比则可以准确控制。

坍落度是评价混凝土流动性、黏聚性和保水性的重要指标。当采取湿喷法喷射施工时,应进行坍落度检测,经过多次现场试验,坍落度取值宜控制在140～180mm。

图2-3为不同砂率和粉煤灰掺量下的混凝土状态。

3)胶凝材料取值

喷射混凝土作为混凝土的一种,其配合比设计参数主要有胶凝材料用量、灰骨比、砂率、水灰比以及坍落度等。胶凝材料用量应控制水泥在400kg/m³以上。水泥用量过少,回弹量大,初期强度增长慢;当水泥用量增加时,喷射混凝土强度会提高,回弹减少。

a) 砂率55%粉煤灰、掺量10%
喷射混凝土状态

b) 砂率52%粉煤灰、掺量10%
喷射混凝土状态

c) 砂率为50%粉煤灰、掺量10%
喷射混凝土状态

d) 砂率58%、粉煤灰掺量15%
喷射混凝土状态

图 2-3　不同砂率和粉煤灰掺量下的混凝土状态

4）混凝土配合比的选定

喷射混凝土具体配合比，一般采用经验公式和施工技术规范相结合的方法来确定。喷射混凝土配合比设计，应包括常规配合比设计和喷射混凝土现场试喷、调整两个部分。前一部分是依据喷射混凝土的要求，按照混凝土常规配合比设计思路，提出基准配合比；后一部分是以基准配比为前提，经现场调整、验证，确定其配合比。两个步骤互为补充，缺一不可。喷射混凝土的体积密度可取 2200 ~ 2300kg/m³。室内试拌检测拌合物试验如图2-4所示。

a) 室内试拌检测拌合物强度试验

b) 室内试拌检测拌合物试验

图 2-4　室内试拌检测拌合物试验

2.3.3 推荐喷射混凝土配合比

表2-9、表2-10为推荐的喷射混凝土常规配合比和掺粉煤灰配合比。

喷射混凝土常规配合比 表2-9

水胶比	速凝剂掺量（%）	每立方米混凝土材料用量（kg/m³）					
		水泥	粉煤灰	砂	5~10mm 碎石	减水剂	水
0.43	5	484	—	915	719	4.84	208

掺粉煤灰配合比 表2-10

水胶比	速凝剂掺量（%）	每立方米混凝土材料用量（kg/m³）					
		水泥	粉煤灰	砂	5~16mm 碎石	减水剂	水
0.39	4	427	47	900	737	4.74	185

2.3.4 现场湿喷混凝土检测

（1）检测项目

现场采取大板法取喷射混凝土，检测混凝土力学性能、抗渗性能与围岩黏接强度、回弹量。

（2）现场取样数量及抗压强度

现场喷射混凝土大板试件16组，测得1天抗压强度为13~18MPa，3天抗压强度为20~25MPa，7天抗压强度为30~35MPa，28天抗压强度为29~33MPa；现场取芯82组，28天抗压强度为25.4~28MPa。

（3）喷射混凝土施工现场需要注意的事项

①喷射混凝土施工时，混凝土湿喷台车的自动计量控制系统必须随时检查，以确保喷射混凝土的质量。

②由于喷射混凝土运输途中混凝土坍落度会随运输距离的增加而减小，配合比设计时应提前考虑。

现场混凝土检测如图2-5所示。

a) 放置取样大板

b) 喷射大板试件

c) 现场平整度检查

d) 拌合物和易性

图 2-5　现场混凝土检测

第 3 章 混凝土湿喷台车基本构造、工作原理及主要技术参数

目前,市场上的混凝土湿喷台车主要包含两大系统,即行走系统和喷射系统。其基本构成如图 3-1 所示。

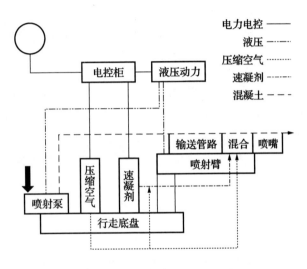

图 3-1 混凝土湿喷台车基本构成

3.1 行走系统

行走系统实现整机的灵活转场,目前市场上的混凝土湿喷台车基本上都采用发动机驱动。下面以市场常见的几种混凝土湿喷台车为例,介绍行走系统基本构造和工作原理。其中,国产混凝土湿喷台车以铁建重工 HPS3016S 型混凝土湿喷台车为例进行详细介绍,进口混凝土湿喷台车以中联重科 CIFA 公司 CSS-3 型混凝土湿喷台车为例进行详细介绍。

3.1.1 铁建重工 HPS3016S 型混凝土湿喷台车

HPS3016S 型混凝土湿喷台车采用刚性底盘、实心轮胎,能够四轮驱动,四轮转向,具有双向驾驶室,支腿采用八字斜支腿。发动机功率为 75kW,行驶速度有 4 个挡位,即 3.6、6.6、12、22km/h,最小转弯半径 5.5m,爬坡能力 58%。

如图 3-2 所示,HPS3016S 混凝土湿喷台车行走传动系统中,发动机 1 驱动行走泵 3,行走泵 3 输出压力油驱动行走马达 4,行走马达 4 输出轴与变速箱 2 输入轴连接,经变速箱 2

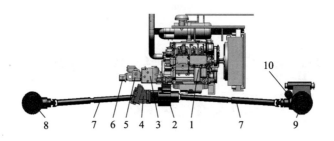

图 3-2　行走系统结构图

1-发动机;2-变速箱;3-行走泵;4-行走马达;5-工作泵;6-转向泵;7-传动轴;8-后桥;9-前桥;10-转向油缸

变速后通过传动轴 7 驱动前桥 9 和后桥 8,底盘转向由转向油缸 10 控制。

底盘液压系统按其功能可以划分为:行驶液压系统、转向液压系统、制动液压系统,其液压控制原理图如图 3-3 所示。

1)行驶液压系统

如图 3-3 所示,行驶液压系统由行走泵 2 和行走马达 8 组成液压闭式回路,实现整车行走功能。行走马达 8 的正反转,即整机的前进与后退,由行走泵 2 的排量换向实现;行走泵 2 的排量方向由先导式手动换向阀切换,同时考虑闭式系统温升快的问题,系统自带补油泵、补油阀和相应的补油回路。工作泵 3 为手刹、卷筒转向、支腿油缸提供动力。转向泵 4 为前后驾驶室的转向提供动力,可以将压力油分别引到前后驾驶室的两个转向器,与前桥上的转向油缸一起实现整车的转向。

2)制动液压系统

制动液压系统包含行走制动(车桥制动)和驻车制动(变速箱制动),前者由脚刹控制制动油缸实现,后者由压力继电器控制变速箱制动油缸实现。工作泵 3 为脚刹、手刹、电缆卷筒、支腿提供动力,工作泵的压力油进入踏板阀,由踏板阀控制整车的行车制动,从踏板阀油口另外出来两路工作油:一路与手刹电磁换向阀相连,通向变速箱的制动油缸,由按钮控制整车的驻车制动;另一路与控制卷筒和支腿动作的多路阀相连,控制电缆卷筒和支腿的动作。

3)转向液压系统

转向液压系统工作原理:转向泵 4 用来控制整车的转向,转向泵 4 出来的液压油经电磁换向阀分别引到前后驾驶室的两个转向器,从转向器出来的油引到前桥上的转向油缸,在前后驾驶室都可以实现整车转向。转向系统有四种转向方式,分别是前轮转向、后轮转向、蟹行转向、汇聚转向(图 3-4)。同时,制动回路的油源还向变速箱换挡油缸提供压力油,经电磁换向阀实现对整车行走速度的换挡控制。

3.1.2　湖南五新 CHP25B 型车载式混凝土湿喷台车

CHP25B 型车载式混凝土湿喷台车(图 3-5),采用汽车成熟底盘,充气轮胎,两轮驱动,两轮转向,单向驾驶,支腿采用直支腿。发动机功率为 118kW,最大行驶速度为 80km/h,最小转弯半径为 8.5m,爬坡能力为 20%。

第3章 混凝土湿喷台车基本构造、工作原理及主要技术参数

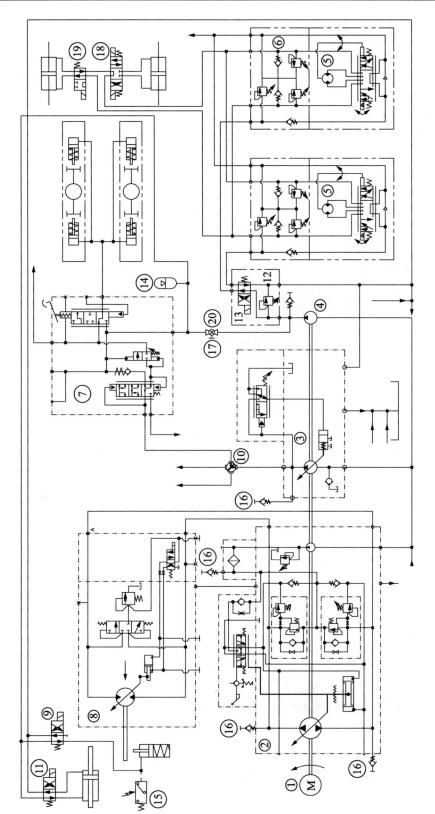

图 3-3 行驶液压系统控制原理图

①-电动机；②-行走泵；③-液压泵（工作泵）；④-液压泵（转向泵）；⑤-液压转向器；⑥-缓冲阀；⑦-脚刹阀；⑧-行走马达；⑨、⑪、⑬、⑱、⑲-电磁换向阀；⑩-球阀；⑫-溢流阀；⑭-蓄能器；⑮-压力继电器；⑯-测压接头；⑰、⑳-截止阀

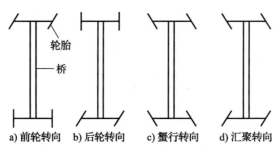

图 3-4　转向方式示意图

图 3-5　CHP25B 型车载式混凝土湿喷台车

3.1.3　中铁装备 SP30B 型混凝土湿喷台车

SP30B 型混凝土湿喷台车（图 3-6），采用刚性底盘，内燃 - 静液压传动，四轮驱动（4WD），四轮转向（4WS），双向驾驶，安全顶棚司机室。爬坡能力为 46%，行驶速度为 0 ~ 18km/h，最小转弯半径为 6.1m，液压制动、多碟盘油浴式四轮制动，前后轴独立油路制动系统。

图 3-6　SP30B 型混凝土湿喷台车

3.1.4　中联重科 CIFA 公司 CSS-3 型混凝土湿喷台车

CSS-3 型混凝土湿喷台车采用自制刚性底盘，充气轮胎，四轮驱动，四轮转向，单向驾驶，支腿采用直支腿。发动机功率为72.5kW,最大行驶速度为22km/h,最小转弯半径为6.5m,爬坡能力为35%。

底盘行驶系统由车架、车桥、轮胎、发动机、液压泵、马达、变速箱、传动轴等组成。底盘液压系统按其功能可以划分为:行驶液压系统、制动液压系统、转向液压系统。车桥与变速箱如图3-7所示。

1)行驶液压系统

行驶液压系统液压采用静液压闭式系统驱动,其原理是:发动机带动行驶油泵,行驶油泵驱动行驶马达,行驶马达输出扭矩和转速,经变速箱和车桥后传递至轮胎,最终驱动车辆行驶;通过控制变量液压泵斜盘的摆角方向,实现车辆的前进与后退。行驶方向的控制如图3-8所示。

图3-7 车桥与变速箱

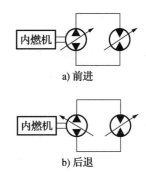
图3-8 行驶方向的控制

2)制动液压系统

制动液压系统是由车桥、轮胎、行车制动阀(俗称脚刹)、停车制动阀(俗称手刹)、蓄能器、压力开关等组成。其液压原理是:蓄能器是能量储存元件,液压系统启动时,压力油液进入蓄能器进行存储,当行车制动阀(俗称脚刹)踩下去时,压力油以及蓄能器释放的油液进入车桥的制动油缸,从而起到行车制动的作用,同时制动指示灯发亮。三个压力开关分别为:蓄能器储存油液警示开关、脚刹指示灯开关、手刹指示灯开关。

3)转向液压系统

转向液压系统由前后桥转向油缸、转向器、电磁换向阀等组成。转向系统具备三种转向方式,由电磁换向阀控制前后桥换向油缸中的油液流入流出的次序,实现对三种车轮转向方式的控制,这三种转向方式分别为前轮转向、蟹行转向、汇聚转向,如图3-9所示。

3.1.5 三一重工PM500PC型混凝土湿喷台车

PM500PC型混凝土湿喷台车采用自制刚性底盘,充气轮胎,四轮驱动,四轮转向,双向驾驶,支腿采用八字斜支腿。发动机功率为75kW,行驶速度为0~18km/h,最小转弯半径为6.1m,爬坡能力为46%。

PM500PC型混凝土湿喷台车传动采用静液压系统带自动调节装置,制动系统是液压、多碟盘油浴式四轮制动,前后轴具有独立油路制动系统,有盘式驻车制动装置。双向驾驶,司机座和方向盘整体回转180°,车辆前进后退时,司机可保持与行驶方一致的操纵位置。

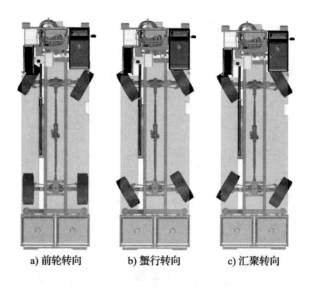

a) 前轮转向　　b) 蟹行转向　　c) 汇聚转向

图 3-9　转向系统的三种转向模式

3.1.6　长沙科达 KC30 型混凝土湿喷台车

刚性底盘，内燃－静液压驱动，四轮驱动，四轮转向。内燃机驱动主液压系统，提供底盘行驶驱动力及喷射臂等临时辅助液压动力。KC30 型湿喷台车如图 3-10 所示。

图 3-10　KC30 型湿喷台车

3.2　喷射系统

湿喷台车的喷射系统主要实现混凝土的喷射，其包括泵送系统、臂架系统、添加剂系统和压缩空气系统，动力驱动形式有发动机单独驱动、电动机单独驱动和双动力驱动。

喷射作业模式如图 3-11 所示。预先搅拌均匀的湿混凝土呈稠密流态，经料斗进入挤压泵后，经密集挤压输送管路在喷头处与压缩空气、液压速凝剂混合，受压力空气推动，呈悬浮稀薄流态以束状喷向支护岩面，并快速凝固形成支护层。

第3章 混凝土湿喷台车基本构造、工作原理及主要技术参数

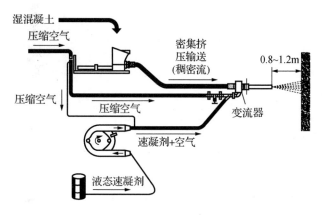

图3-11 喷射作业模式

注：稠密流是指挤压（泵送）输送的液态混凝土

下面结合市场上常见的几种混凝土湿喷台车对喷射系统各分系统的构造及工作原理做详细介绍。

3.2.1 泵送系统

混凝土泵送系统是湿喷台车喷射作业时，对混凝土加压并把混凝土输送到臂架的系统。现在市场上混凝土湿喷台车大部分采用双活塞式泵送单元，该泵送形式广泛用于泵车、拖泵等混凝土输送设备中，且技术成熟，泵送效率高，泵送量大，易于控制。

1）构造

以铁建重工HPS3016S型湿喷台车为例，如图3-12和图3-13所示，泵送机构主要由料斗、搅拌器、S-管阀、排料口、水箱、混凝土油缸、液压油缸等零部件组成。预先拌和的湿混凝土由料斗经排料口进入混凝土缸，为防止混凝土中混杂的大颗粒杂物损坏混凝土缸及输送管路，料斗设有筛网和振动电机，对混凝土进行筛分，从而防止粒径大于20mm的石子和杂物进入混合料或混凝土湿喷台车中。

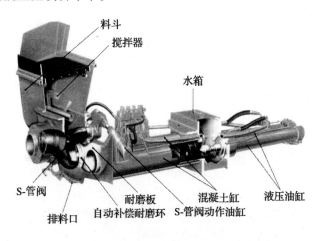

图3-12 HPS3016S型湿喷台车泵送系统外形图

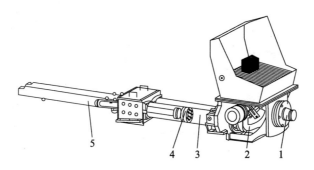

图 3-13　HPS3016S 型湿喷台车泵送系统构造图
1-出料口；2-S-管阀；3-混凝土缸；4-活塞；5-液压油缸

混凝土泵由电动机-液压泵-液压油缸驱动，液压油缸 5 驱动混凝土缸活塞 4 做往复运动，以完成混凝土的泵送。当混凝土油缸活塞 4 向后运动时，将混凝土吸入混凝土缸 3 中；当混凝土缸活塞 4 向前运动时，将缸内混凝土推出，混凝土通过 S-管阀 2、出料口 1 将混凝土送入输送管，完成一个工作循环。两个混凝土缸的连续交替运动保证了泵送的连续性。

S-管阀是保证泵送混凝土连续工作的关键部件，其出口端与输送管连接，进口端在两个混凝土缸间摆动。当混凝土缸吸料时，S-管阀让开吸料的缸口，同正在出料的缸口对接。落下筛网的混凝土由 S-管阀控制轮流进入混凝土缸，S-管阀摆动对接，同时，两个混凝土油缸轮流动作，保证了混凝土的连续输送。

2）工作原理

如图 3-14 所示，泵送系统主要由电动机、恒功率变量柱塞泵、安全阀、压力表、减压阀、电液换向阀、主油缸、摆动油缸、接近开关、齿轮泵、手动换向阀、搅拌马达、散热器等组成。恒功率变量柱塞泵为主油缸和摆动油缸提供动力。比例溢流阀用于设定液压系统的最高安全压力，当系统压力超过安全压力时，溢流阀自动溢流，以保护机器不受损坏；系统不工作时，电磁溢流阀电磁铁断电，系统处于卸荷状态。压力表用于测系统压力。减压阀为电液换向阀和电液换向阀提供控制压力油。电液换向阀控制泵送系统的正泵、反泵、前进点动和后退点动。多路阀控制搅拌轴的正反转，手动扳动手柄控制马达的正反转。齿轮泵泵出的液压油经过多路阀进入搅拌马达，通过控制多路阀的手柄可实现搅拌马达的正反转。

接近开关用于控制主油缸和摆动油缸的换向。

按下泵送按钮时，电磁溢流阀得电加载，电磁换向阀得电，开始泵送动作。

当需要反泵时，按下反泵按钮，系统进入反泵工作循环，反泵动作过程与正泵相似，只是摆动油缸的动作与正泵相反。

3.2.2　臂架系统

臂架系统是湿喷台车的核心系统，不同品牌湿喷台车能实现喷射角度范围均有所不同。为了适应复杂工作环境要求，混凝土湿喷台车的臂架与喷头往往具有极高的自由度，操纵灵活，以扩大喷射混凝土的作业范围，改善施工人员的劳动条件，提高工作效率和施工质量，实现湿喷作业的机械化和自动化。目前，市场上的臂架形式有两种，一种是两级回转、三节臂转动一节臂伸缩、回转座滑移式；另一种是两节臂转动伸缩式。

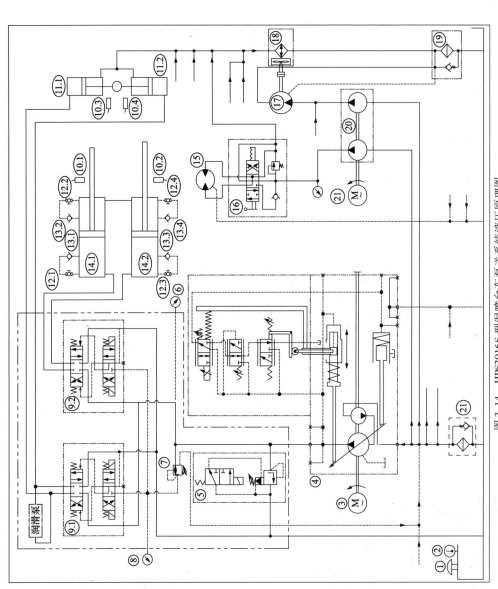

图 3-14 HPS3016S 型湿喷台车泵送系统液压原理图

①-油箱；②-液位计；③-电动机；④-恒功率变量柱塞泵；⑤-比例溢流阀；⑥-压力表；⑦-减压阀；⑧-电液换向阀；⑨-接近开关；⑩-摆动油缸；⑪、⑫、⑬、⑭-球阀；⑬.1、⑬.2、⑬.3、⑬.4-单向阀；⑭.1、⑭.2-主油缸；⑮-搅拌马达；⑯-手动换向阀；⑰-散热马达；⑱-散热器；⑲-回油过滤器；⑳-双联齿轮泵；㉑-吸油过滤器

1)构造

(1)两级回转、三节臂转动一节臂伸缩、回转座滑移式。铁建重工 HPS3016S 型混凝土湿喷台车和中联重科 CSS-3 型混凝土湿喷台车采用这种形式。

臂架结构包含折叠式和伸缩式两种,主要由转台、多节臂架、油缸、回转机构、输送管路等组成,如图 3-15 所示。

图 3-15 "3+1"臂架结构

1-回转台;2-一臂;3-二臂;4-三臂;5-四臂;6-四臂伸缩油缸;7-三臂油缸;8-二臂油缸;9-一臂油缸

回转台可以带动整个臂架旋转 360°,连接回转台的前三节为折叠臂,每节臂均有一定的回转和折叠角度,第四节为伸缩臂,这样的组合可以满足各种工况的需要。

如图 3-16 所示,臂架处于折叠(收缩)状态,该结构能够有效增加喷射作业面,并减少臂架展开收缩空间,能更好地满足市场需求。图 3-17 为臂架伸展状态,可以满足不同角度湿喷作业。

图 3-16 臂架收缩状态

如图 3-18 所示,喷头位于臂架端部,主要可以实现左右摆动、上下摆动、刷动功能。喷头构造如图 3-19 所示,喷射头由喷嘴、混流器、摆动马达、回转马达构成。把混凝土与压缩空气混合后通过喷射头喷出喷嘴(混凝土在与压缩空气混合时,可根据需要掺入或不掺入添加剂;混凝土也可以不与压缩空气混合直接泵送出喷嘴),也可以泵送清水到喷射头来清洗输送管路。

图 3-17 臂架伸展状态

图 3-18 喷头回转

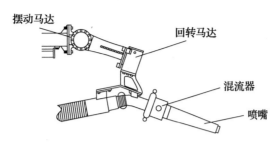

图 3-19 喷头构造

（2）两节臂转动伸缩式。湖南五新隧道智能装备股份有限公司（以下简称湖南五新）CHP25B 型车载式混凝土湿喷台车（图 3-20）及三一重工 PM500PC 型混凝土湿喷台车均采用两节臂转动伸缩式。臂架系统由大臂、小臂、喷头三部分组成，设计有 7 个动作，即举升臂举升、转柱回转、伸缩臂俯仰、伸缩臂伸缩、喷头 360°转动、喷头 240°摆动和喷嘴划圆。

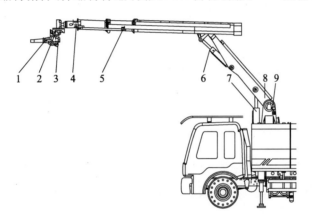

图 3-20 CHP25B 型车载湿喷台车

1-喷头；2-刷动油缸；3-240°摆动油缸；4-360°摆动油缸；5-臂架伸缩节总成；6-小臂俯仰总成；7-大臂俯仰油缸；8-大臂；9-回转台总成

2）工作原理

以铁建重工 HPS3016S 型湿喷台车为例，臂架液压系统包括三组多路阀、回转马达、平衡阀、驱动油缸、4 个臂架油缸及平衡阀、摆动马达等。多路阀 5 主要控制回转马达、驱动回转台的旋转，从而实现臂架的回转；驱动油缸用来控制回转台前后移动，增加喷射距离；多路阀 10 控制臂架油缸的油路，使臂架实现相应的回转角度；多路阀 19 控制喷射头的 2 个液压马达（图 3-21），用以保证喷射头在不同方向旋转。

3.2.3 添加剂系统

添加剂系统主要由添加剂泵、输送管路、计量系统、三通调速阀、速凝剂等组成。添加剂是指添加到喷射混凝土中，可以增加喷射混凝土初期强度的混合剂。添加剂系统是湿喷台车很重要的一个系统，添加剂计量系统准确度，直接影响混凝土喷射的效果和回弹率。目前，湿喷台车的添加剂泵主要分为软管泵和螺杆泵两大类。在添加剂泵的驱动方式上，有液

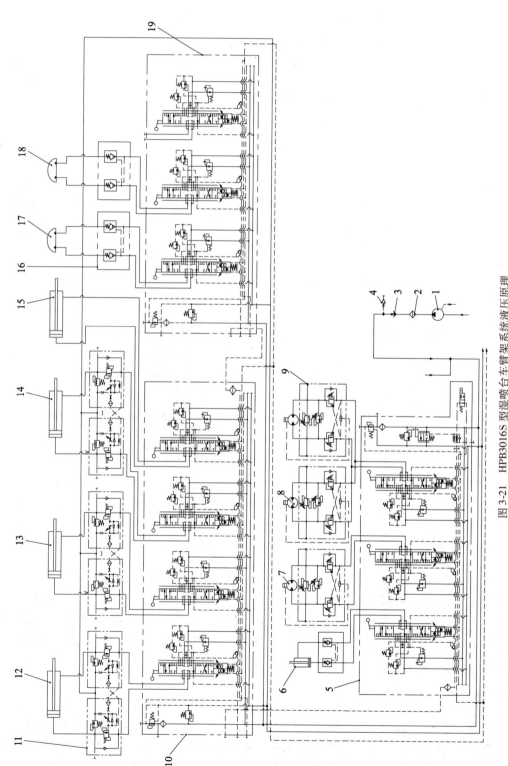

图3-21 HPB3016S型湿喷台车臂架系统液压原理

1-液压泵;2-过滤器;3、4-单向阀;5、10-电液比例多路阀;6、12、13、14、15-液压油缸;7、8、9-回转马达;11-平衡阀;16-液压锁;17、18-摆动马达

第3章 混凝土湿喷台车基本构造、工作原理及主要技术参数

压马达驱动与变频电机驱动两种方式。液压马达驱动稳定可靠,调速准确,但是需要增加额外的液压回路;变频电机驱动控制简单,但是在恶劣环境下的可靠性没有液压马达驱动高。

添加剂系统工作原理如图3-22所示。根据液体添加剂设计掺量,以调整添加剂计量泵流量;其泵出的液体添加剂经雾化装置与高压风混合,雾化后至喷嘴混合后与呈均匀稀薄流形态的混凝土拌合物混合,从喷嘴喷至受喷面。

1) 软管泵

HPS3016S型混凝土湿喷台车、CSS-3型混凝土湿喷台车和PM500PC型混凝土湿喷台车的添加剂系统均采用电机驱动软管泵形式。

软管泵(图3-23)用于向喷嘴处泵送液态速凝剂,泵送量按设定的添加比例由设备自动控制执行。一旦添加剂的种类和掺量确定并输入系统后,系统就会保存混凝土与添加剂之间的比例。添加剂的掺量可以修改。其优点是价格相对较低,能适应恶劣环境,对各种添加剂液体的适应性好;缺点是胶管易损坏,需要经常更换,出口压力相对较低。

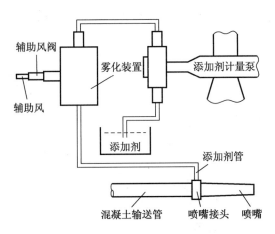

图3-22 添加剂系统工作原理图

图3-23 软管泵示意图

2) 螺杆泵

如图3-24所示,CHP25B型车载式湿喷台车添加剂系统采用液压马达驱动螺杆泵形式。单螺杆式泵流量每小时50~500L,速凝剂罐容积1000L。根据混凝土配合比不同设定速凝剂匹配量,控制器实时自动控制速凝剂量与混凝土用量相匹配,速凝剂掺量为3%~5%。其优点在于:出口压力高,整体尺寸小,便于布置;其缺点:价格高,对恶劣作业环境的适应性不强,结构复杂。

3.2.4 压缩空气系统

压缩空气系统是混凝土湿喷台车喷射混凝土能够形成喷射状态的动力源,是直接影响喷射效果的重要系统,其主要由空压机(图3-25)、电气控制系统、输送管路、气压调节元件等组成。空压机又是压缩空气系统中最重要的部件,混凝土湿喷台车上使用的空压机分为两大类,即滑片式和螺杆式。CSS-3型混凝土湿喷台车使用电动滑片式空压机,HPS3016S型混凝土湿喷台车和PM500PC混凝土湿喷台车使用螺杆式空压机,CHP25B型车载式混凝土湿

喷台车设备上不自带空压机，需在工地外接。

压缩空气系统工作原理如图3-26所示。

图3-24 CHP25B型车载湿喷台车螺杆泵照片图

图3-25 空压机

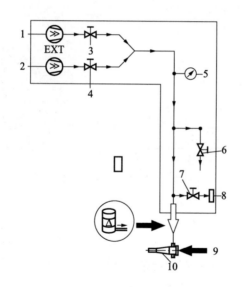

图3-26 压缩空气工作原理图

1-随机空压机供风；2-外供风输入；3-空压机球阀；4-外供风球阀；5-压力表；6-压缩空气排放阀；7-振动器球阀；8-振动器；9-混凝土输送系统；10-喷射头

在采用外供风2时，应确保球阀4打开，并关闭空压机球阀3，防止压缩空气向空压机回流。采用随机空压机供风时，应先关闭外供风球阀4。

3.3 辅助系统

湿喷台车除行走系统和喷射系统两大主要系统外，还有润滑系统、清洗系统、电控和操作系统、臂架行走系统、支腿系统。

3.3.1 润滑系统

润滑系统为整机提供润滑,以 HPS3016S 型湿喷台车为例,其采用分布式多点润滑系统,如图 3-27 所示,在台车各活动连接处设有润滑点,具体的润滑要求见表 3-1。

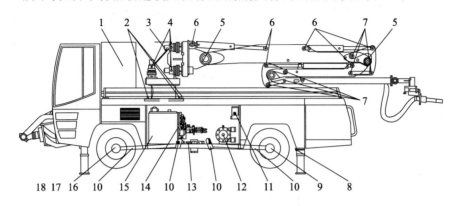

图 3-27 HPS3016 型混凝土湿喷台车润滑点布局图
1~18-混凝土湿喷台车各处润滑点

HPS3016 型混凝土湿喷台车润滑要求　　　　　　　　表 3-1

位置	参考名称	润滑间隔(h)					润滑剂	备注
		25	50	200	500	2000		
1	空压机				Q	S	专用优质冷却油(8003010201)	最长半年内更换
2	臂架行走滚轮	J					2 号锂基脂	
3	臂架回转齿轮	J					2 号锂基脂	
4	回转减速器			C		S	80W-90 齿轮油	
5	臂架铰接轴	J					2 号锂基脂	
6	油缸销轴	J					2 号锂基脂	
7	曲柄销轴	J					2 号锂基脂	
8	支腿销轴		J				2 号锂基脂	
9	后桥减速箱			C		S	80W-90 齿轮油	
10	传动轴铰接点		J				2 号锂基脂	
11	润滑泵中的润滑油			C		S	0 号锂基脂	最长一年内更换
12	软管泵				S		专用润滑油(903143)	更换软管或运行 5000h 更换
13	变速箱减速箱			C		S	80W-90 齿轮油	
14	发动机			C			机油 15W-40	
15	油箱中液压油			C		S	46 号液压油	最长一年内更换
16	前桥销轴		J				2 号锂基脂	
17	转向油缸铰接轴		J				2 号锂基脂	
18	前桥减速箱			C		S	80W-90 齿轮油	

注:Q-首次更换;S-更换;C-检查剩余量并加满;J-加锂基脂。

3.3.2 清洗系统

混凝土湿喷台车喷射作业前必须注满水箱,水箱水用于喷射后进行清洗。清洗系统是保证整机顺利作业的重要系统,HPS3016S 型混凝土湿喷台车清洗系统流程如图 3-28 所示。

高压水泵 4 从清洗水箱 1 中吸水,经水管至高压水枪 5,形成高压水柱喷出,出水截止阀和排水截止阀分别控制水泵吸水通断和水箱排污,如寒冷季节施工后应使用排水截止阀 6 放净系统剩水,防止冻裂器件。

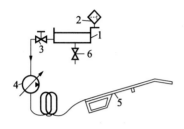

图 3-28 HPS3016S 型湿喷台车清洗系统流程图

1-清洗水箱;2-空滤器;3-出水截止阀;4-高压水泵;5-高压水枪;6-排水截止阀

3.3.3 电控系统

电控系统是湿喷台车的大脑,目前市场上常用的几种混凝土湿喷台车大部分采用遥控操作。以 HPS3016S 型混凝土湿喷台车为例,介绍一下混凝土湿喷台车的电控系统组成及工作原理。

1) 电控柜上的各个元件及功能

HPS3016S 型混凝土湿喷台车电控箱控制开关面板如图 3-29 所示,其相应的元件说明

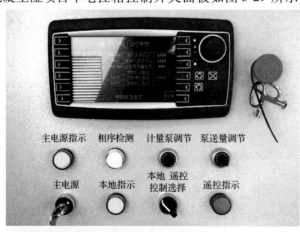

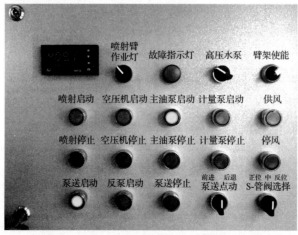

图 3-29 HPS3016S 型湿喷台车电控箱开关面板

见表 3-2。

HPS3016S 型湿喷台车电控元件说明　　　　　表 3-2

序号	控制元件	功 能 说 明	
1	急停按钮	紧急情况下按下此按钮,设备立即停机; 紧急停机按钮不得用于正常停机	
2	主电源指示灯	指示电源接通情况; Y:电源已接通; N:电源已断开	
3	相序检测指示灯	指示外电源相序情况; Y:相序错误; N:相序正确	
4	添加剂调节旋钮	调节添加剂输出量; 左旋:添加剂输出减少; 右旋:添加剂输出增加	
5	泵送量调节旋钮	调节泵送量; 左旋:泵送量减少; 右旋:泵送量增加	
6	主电源钥匙开关	控制电控柜电源的通断; 关闭主驾驶室钥匙的情况下,打开此钥匙自动切换至外电源模式供电(注:此钥匙打开的情况下,打开主驾驶室钥匙会自动切换至内电源模式)	
7	本地控制指示灯	指示本地控制状态	
8	遥控/本地控制选择旋钮	切换遥控制和本地控制; 左位:本地控制模式,关闭遥控控制; 右位:遥控控制模式,本地控制仍有效 在关闭遥控电源前需切换至本地控制,否则部分功能无法正常使用	
9	遥控控制指示灯	指示遥控控制状态	
10	电压表	显示三相外电源电压值	
11	喷射臂作业灯旋钮	控制喷射照明灯的开关; 左位:喷射照明灯关闭; 右位:喷射照明灯打开	直接通过开关接通接触器,不经过程序控制程序
12	高压水泵旋钮	控制高压水泵电机的开关; 左位:高压水泵关闭; 右位:高压水泵打开	
13	故障指示灯	指示本机故障报警	
14	手动臂架溢流阀	手动按一下,臂架溢流阀得电,再按一下,溢流阀断电;若只按一下,溢流阀得电 30min 后自动断电	
15	喷射启动按钮	启动喷射: 按钮灯闪烁喷射启动开始,按钮灯常亮,启动完成; ①启动空压机,开始供风; ②7s 后开始泵送; ③8s 后启动变频器	
16	空压机启动按钮	启动空压机电机,但不供风,需手动开启; 按下供风按钮后方可供风; 空压机运行过程中,按钮指示灯常亮	

续上表

序号	控制元件	功 能 说 明
17	主油泵启动按钮	启动主油泵电机； 主油泵运行过程中按钮指示灯常亮（星三角切换完成后，才可进行正常工作）
18	计量泵启动按钮	启动变频器，带动计量泵电机工作； 计量泵运行过程中按钮指示灯常亮； 每次启动计量泵，变频器恢复为上次停止时的记忆值； 若更改了显示屏设定参量，变频器启动后自动变为设定值
19	供风按钮	启动供风； 供风过程中按钮指示灯常亮（手动开启供风需在空压机手动启动状态下，喷射启动时自动开启供风）
20	喷射停止按钮	停止喷射动作； 停止喷射时，先自动停止速凝剂泵和泵送，12s后才可以手动停止空压机
21	空压机停止按钮	停止空压机电机，空压机停止有延时（注：空压机每次停止后需120s卸载，方可再次启动）
22	主油泵停止按钮	停止主油泵电机
23	计量泵停止按钮	停止变频器工作
24	停风按钮	停止供风
25	泵送启动按钮	启动泵送（需在主油泵电机运行状态下进行）； Y：泵送开启； N：泵送运行
26	泵送停止按钮	停止泵送动作
27	反泵启动按钮	需在泵送过程中，按住反泵按钮，反泵运行； 松开反泵按钮，恢复泵送； 反泵运行过程中按钮指示灯常亮
28	S-管阀选择旋钮	主油泵电机运行时，手动控制S管阀的动作； 左位：S-管阀向左摆动； 中位：S-管阀无动作； 右位：S-管阀向右摆动
29	泵送点动旋钮	主油泵电机运行时，手动控制泵送主油缸的动作： 左位：主油缸前进； 中位：主油缸无动作； 右位：主油缸后退

注：Y-灯亮；N-灯灭。

2）无线遥控器

无线遥控器可以远距离控制混凝土湿喷台车，灵活实现各节臂动作、喷嘴动作、自动喷射启停、主油泵启停、空压机启停和泵送/反泵等操作。

HPS3016S型混凝土湿喷台车无线遥控器如图3-30所示，相应的功能说明见表3-3。

HPS3016S 型湿喷台车：遥控器介绍

第3章 混凝土湿喷台车基本构造、工作原理及主要技术参数

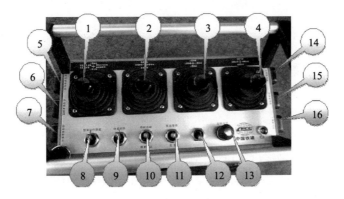

图 3-30　HPS3016 型湿喷台车无线遥控器

HPS3016 型湿喷台车无线遥控器功能说明　　　　　表 3-3

序号	控制元件	功能说明	备注
1	一臂运动、臂架旋转摇杆	上拨为抬升,下拨为下降;左拨为臂架水平左转,右拨为臂架水平右转 当按下功能切换键时,左拨为垂直逆时针回转,右拨为垂直顺时针回转	
2	四臂运动、底座运动摇杆	上拨为底座前进,下拨为底座后退;左拨为四臂伸展,右拨为四臂收回	
3	二臂、三臂运动摇杆	上拨为二臂伸展,下拨为二臂收回;左拨为三臂伸展,右拨为三臂收回	
4	喷嘴运动摇杆	上拨为喷嘴抬升,下拨为喷嘴下降;左拨为喷嘴左转,右拨为喷嘴右转	
5	自动喷射启动	按下按钮,启动自动喷射程序	
6	自动喷射暂停	按下按钮,自动喷射程序进入暂停状态	
7	自动喷射停止	按下按钮,启动停止喷射程序	臂架各种动作都需要使能键处于右位,臂架动作的速度由摇杆的推动位置决定
8	臂架动作使能开关	臂架动作锁定; 右位:允许臂架运动; 左位:锁定臂架动作	
9	功能切换开关	切换臂架水平回转和垂直回转	
10	喷射拨动开关	启动/停止喷射,右位为启动,左位为关闭 启动喷射程序: ①启动空压机,开始供风; ②8s 后启动计量泵电机,开始输送速凝剂; ③10s 后开始泵送 关闭喷射程序: ①关闭泵送; ②关闭计量泵电机 空压机供风须等 12s 后手动停止	
11	泵送/反泵按钮	控制泵送、泵停和反泵	
12	外供风使能按钮	外供风时,需按下此键才可喷射启动	
13	无线遥控启动按钮/电铃	无线遥控启动控制,在急停按钮旋上状态下按下,启动无线遥控,指示灯亮; 在正常运行过程中,按下为电铃控制	

续上表

序号	控制元件	功能说明	备注
14	主油泵启停按钮	按一下主油泵启动,再按一下主油泵停止,需长按1s	
15	空压机启停按钮	按一下空压机启动,再按一下空压机停止,需长按1s	
16	计量泵启停按钮	按一下计量泵启动,再按一下计量泵停止,需长按1s	

（1）操作模式

HPS3016S 型混凝土湿喷台车组有两种操作模式,即内燃动力模式和外电源动力模式。

内燃动力模式下,动力模式选择开关在"内燃动力"时,机组的内燃机启动,"内燃动力模式"指示灯亮。内燃机启动后,可以运转的部件:整机可行走,行驶灯光可启用,电缆卷筒可运转,液压支腿可动作;不能运转的部件:混凝土泵、搅动器、振动器不能运转,添加剂计量泵、空压机、高压水泵不能运转,喷射臂工作灯不能启用。内燃动力模式下,不能进行混凝土喷射作业。

外电源动力模式下,动力模式选择开关在"外电源动力"时,"外电源工作"指示灯亮。外电源动力模式下,可运转的部件:喷射臂可全功能运转,喷射臂工作灯及其他灯光可以启用,混凝土泵、搅动器、振动器可全功能运转,添加剂计量泵、空压机、高压水泵可运转,混凝土喷射作业可全功能实施;不能和不允许运转的部件:整机不能移动。同时,严禁以外部动力拖动或推动方式移动整机。此时以任何方式强制移动整机会导致重大事故;电缆卷筒不允许运转。在动力电缆已经连接外电源的情况下,牵引移动整机或驱动电缆盘,有可能损坏电缆,以致造成重大事故。

（2）应急停机

在正常情况下,不得使用应急停机按钮停机,以免过早损坏应急停机按钮。只允许在紧急状况下使用应紧急停机按钮。应急停机按钮的良好状态是安全运行混凝土湿喷台车组的重要保证。如果应急停机按钮损坏,设备即处于不安全状态。

应急停机按钮按下时,应急停机按钮起作用并锁定;顺时针旋转时,应急停机按钮解锁弹起,解除紧急停机状态。

（3）喷射臂控制液压阀组操作

开始喷射作业前,要检查喷射臂液压控制阀组;必须在喷射臂液压控制阀组的操控性能完全正常有效的条件下开始施喷作业。

检查方法:在遥控器上用各喷射臂操纵器逐一做喷射臂的各单项动作,同时,观察液压控制阀组的对应操纵杆是否有相对应的动作;在遥控操纵器回复中位时,液压控制阀组操纵杆也应回复中位。

（4）设备运行模式

混凝土湿喷台车组设备有各种运行模式,详见表3-4、表3-5。应根据需要分别或结合使用。

设备运行模式　　　　表3-4

材料	运行模式
添加剂	泵送添加剂
压缩空气	喷出压缩空气
混凝土	泵送混凝土
	反抽管道内的混凝土

续上表

材 料	运 行 模 式
空气＋添加剂	添加剂＋压缩空气混合喷出
混凝土＋添加剂	混凝土＋添加剂混合泵出
空气＋混凝土	混凝土＋压缩空气混合喷出
空气＋混凝土＋添加剂	实际喷射混凝土模式

设备动力模式及操作　　　　　　　　　　表3-5

材 料	动力模式	操 作
添加剂	电动运行模式	在电控柜上，按下添加剂泵送按钮
压缩空气	电动运行模式	在电控柜上，按下压缩空气输送按钮
混凝土	电动运行模式	在电控柜上，按下混凝土泵送按钮或在遥控器上，打开泵送开关
反抽	电动运行模式	在电控柜上，按下反抽按钮或在遥控器上打开反抽开关
压缩空气＋添加剂	电动运行模式	分步操作，先连接压缩空气
添加剂＋混凝土	电动运行模式	分步操作，先连接添加剂
压缩空气＋混凝土	电动运行模式	分步操作，先连接压缩空气
压缩空气＋添加剂＋混凝土	电动运行模式	在电控柜上按下混凝土喷射键，或用遥控器喷射开关，或分步按顺序操作

注：凡下一个要运行的模式不包含上一个运行模式时，应先停止上一模式的运行；凡是包含压缩空气的运行模式，无论使用外供气源还是随机空压机，都应先接通压缩空气；随机装有空压机时，应先在电控柜上启动空压机。

3.3.4　臂架行走系统

以 HPS3016S 型混凝土湿喷台车为例，湿喷台车臂架行走系统如图3-31所示。

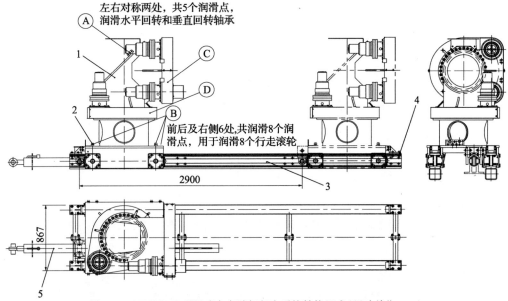

图 3-31　HPS3016S 型湿喷台车臂架行走系统结构组成（尺寸单位：mm）
1-转盘总成；2-行走组合；3-行走轨道；4-限位座；5-驱动油缸组件

臂架行走系统主要由转盘总成、行走组合、行走轨道、限位座、驱动油缸组成。转盘总成上的三组减速机马达带动回转支承旋转，实现臂架±90°的水平回转和±110°垂直回转。行走组合上安装了4组共8个复合行走滚轮，分别位于两根行走轨道两侧，使用油缸驱动臂架行走系统和臂架系统的前后移动，移动行程共2900mm。

3.3.5 支腿系统

为提高整机稳定性，市场上主要的混凝土湿喷台车一般都配置有4个支腿，在台车喷射作业时，由支腿将整机抬起，取代轮式支撑。

4个支腿分别由液压油缸控制伸缩，HPS3016S型混凝土湿喷台车的支腿液压控制原理如图3-32所示，4个伸缩油缸驱动支腿的收放，电磁换向阀切换油液方向，双向液压锁保证

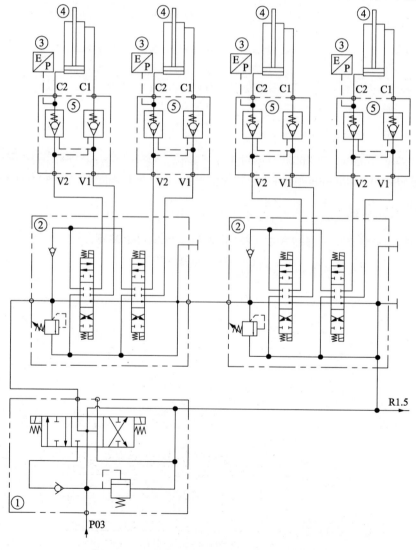

图3-32 HPS3016S型混凝土湿喷台车支腿液压原理
①、②-电磁换向阀；③-压力传感器；④-支腿油缸；⑤-液压锁

支腿能够在任意位置锁死。

3.4 混凝土湿喷台车主要技术参数

混凝土湿喷台车的主要技术参数,主要有整机性能参数(设备尺寸、质量等)、底盘行走性能参数、泵送参数(泵送能力、压力)、喷射范围、压缩空气系统和添加剂系统参数。

3.4.1 市场上混凝土湿喷台车的命名规则

市场上现有混凝土湿喷台车主要厂家有铁建重工、中联重科、湖南五新和三一重工。铁建重工、三一重工的混凝土湿喷台车产品命名规则见表3-6。

市场部分混凝土湿喷台车的命名规则　　　　表3-6

湿喷台车厂家	型号名称	命名规则
铁建重工	HPS3016S 型混凝土湿喷台车	HPS—混凝土喷射设备; 30—泵送最大排量; 16—臂架展开高度; S—四轮转向
三一重工	PM500PC 型混凝土湿喷台车	PM—公司代号; 500—刚性底盘 ML500 型; P—Putzmeister

3.4.2 整机参数

整机参数主要关注整机外形尺寸、最大泵送量、最高喷射距离,一般也是混凝土湿喷台车命名的主要依据。表3-7为不同品牌混凝土湿喷台车的整机参数。

不同品牌混凝土湿喷台车的整机参数　　　　表3-7

参 数 名 称	品 牌 型 号			
	铁建重工 HPS3016S	湖南五新 CHP25B	中联重科 CSS-3	三一重工 PM500PC
外形尺寸(长×宽×高) (mm×mm×mm)	11234×2500×3200	9450×2500×3380	9980×2450×3100	785×2900×3512
整机质量(t)	19.5	16	16	15
作业动力	发动机/电动机	电动机	发动机/电动机	电动机
理论最大喷射能力(m³/h)	30	25	30	30
控制方式	无线遥控	无线遥控	无线遥控	有线遥控
自动喷射功能	有	无	无	无

3.4.3 底盘参数

湿喷台车的底盘决定了台车的转场速度、灵活度和工况适应性。底盘参数主要关注的是驱动形式、动力系统、行走速度、转向半径和爬坡转弯能力。市场上现有的各主要厂家的不同品牌混凝土湿喷台车的底盘参数见表3-8。

不同品牌混凝土湿喷台车的底盘参数 表3-8

参 数 名 称		品 牌 型 号			
		铁建重工 HPS3016S	湖南五新 CHP25B	中联重科 CSS-3	三一重工 PM500PC
底盘形式		自制刚性底盘, 实心轮胎	汽车底盘, 充气轮胎	自制刚性底盘, 充气轮胎	自制刚性底盘, 充气轮胎
驱动转向		四轮驱动 四轮转向	两轮驱动 两轮转向	四轮驱动 四轮转向	四轮驱动 四轮转向
柴油机	生产厂家	道依茨	玉柴	道依茨	道依茨
	型号	BF4M2012	YC6J160	D914L05	BF4M2012
	功率(kW)	75	118	72.5	75
爬坡能力(%)		58	20	36	46
最小转弯半径(m)		5.5	8.5	5.5	6.1
行驶速度(km/h)		3.6/6.6/12/22	80	15	18
支腿形式		八字斜支腿	直支腿	直支腿	八字斜支腿
驾驶方向		两个驾驶室, 双向驾驶	单向驾驶	单向驾驶	一个驾驶室, 双向驾驶

3.4.4 泵送参数

湿喷台车的泵送能力决定喷射效率。泵送参数主要关注的是泵送方式、泵送排量、料斗上料高度等。市场上现有的各主要厂家的典型混凝土湿喷台车的泵送参数见表3-9。

不同品牌混凝土湿喷台车的泵送参数 表3-9

参 数 名 称	品 牌 型 号			
	铁建重工 HPS3016S	湖南五新 CHP25B	中联重科 CSS-3	三一重工 PM500PC
泵送形式	双活塞式,S-管阀	双活塞式,S-管阀	双活塞式,S-管阀	双活塞式,S-管阀
最大理论排量(m^3/h)	30	25	30	30
混凝土最大出口压力(MPa)	8	7.2	6.5	6.5
最大骨料粒径(mm)	25	10	20	20
混凝土缸(缸径×行程) (mm×mm)	180×1200	160×1000	200×1000	180×1000
料斗容积(m^3)	0.35	0.25	0.3	0.3
料斗上料高度(mm)	—	1500	1450	1285
泵送单元润滑方式	自动集中润滑	手动集中润滑	自动润滑	手动润滑

3.4.5 喷射臂参数

湿喷台车的喷射臂是喷射作业的终端执行机构,决定了混凝土支护作业范围和灵活性,喷射臂参数主要关注的是作业截面范围、臂架结构形式和调整方式等。市场上现有的各个厂家的典型混凝土湿喷台车的泵送参数见表3-10。

不同品牌混凝土湿喷台车的湿喷台车参数　　　　表3-10

参 数 名 称		品 牌 型 号			
		铁建重工 HPS3016S	湖南五新 CHP25B	中联重科 CSS-3	三一重工 PM500PC
结构形式		三节折叠臂,一节伸缩臂	大臂、小臂俯仰,小臂伸缩两节	可滑移双转台,3节Z形臂架	两节臂转动伸缩
最大喷射高度(m)		17.5	16	17.26	16.1
最大喷射宽度(m)		31.4	12	—	—
前方最远喷射距离(m)		15.3	13	15.5	14.3
最大作业深度(m)		7.6	6	7.83	8.7
回转台	水平回转(°)	±90	±180	±180	±180
	垂直回转(°)	±110	—	±180	—
臂架参数		一臂长度/回转角度:4.2m/90°	大臂回转角度:360°	一臂长度/俯仰角度:4.2m/-5°~90°	大臂回转角度:360°
		二臂长度/回转角度:2.5m/180°	大臂俯仰范围:0~70°	二臂长度/仰俯角度:2.5m/0~180°	大臂俯仰角度:90°(向上60°、向下30°)
		三臂长度/回转角度:3.2m/270°	小臂俯仰范围:-20°~110°	三臂长度/俯仰角度:3.5m/0~270°	前臂回转:左180°/右62°;前臂伸缩:2m
		四臂伸缩:1.75m	小臂伸缩范围:4.6m	三节臂伸缩距离:1.8m	前臂仰俯:90°
喷嘴座轴向回转(°)		180	360	180	360
喷嘴座轴向摆动(°)		180	240	±90	240
控制方式		机控+无线遥控	机控+无线遥控	机控+无线遥控	机控

3.4.6 其他参数

市场上现有的各主要厂家的典型混凝土湿喷台车的其他参数见表3-11。

不同品牌混凝土湿喷台车的其他参数　　　　表3-11

参 数 名 称	品 牌 型 号			
	铁建重工 HPS3016S	湖南五新 CHP25B	中联重科 CSS-3	三一重工 PM500PC
空压机风量(m^3/min)	11000	无	11500	12000
空压机风压(bar)	8	无	7.5	7.5
添加剂最大流量(L/h)	700	500	1340	700
添加剂箱容量(L)	1000	1000	2×1000	1000

第4章　混凝土湿喷台车的操作使用

4.1　操作前准备

4.1.1　场地检查与设备检查

1）场地检查

（1）人员清场，喷射作业人员不超过4人。人员活动区域应远离受喷面5m以上。

（2）湿喷台车应与高压电线保持一定的距离，同时，检查配电装备，现场配电箱应接地设施完善，漏电保护有效。

（3）预防高处坠物伤人，发现危岩（活石）必须用长柄工具摘除掉，消除不安全因素。

（4）检查湿喷台车和墙壁、坡道之间的距离，要求湿喷台车与障碍物、坡道保持一定距离。

（5）支腿支撑的土地必须平整、光滑和稠密。如果其没有满足以上要求，则需要垫实基础，保证它们表面干净，无油、油脂和冰。支撑位置远离洞眼、坡道等。机器支撑与斜坡必须保持最低的安全距离。依据土壤类别，设置合理安全距离。如果是软地基的情况，那么安全距离则是坑深的2倍；如果地基一般软，那么安全距离则大于或等于坑深。不要使用梁木架桥于凹槽上。

（6）确保适应土壤条件，以确保装置的稳定性（地基和表面）。在土壤不够坚固的情况下，可使用分板或密度适中的木板，以较好地分散稳定装置作用于土地上的压力。

（7）清理现场杂物，确保不存在妨碍稳定装置定位、影响人员活动和喷射臂运动的障碍物。

2）材料和设备检查

为保证支护质量，减少设备故障，在开始喷射混凝土作业前，必须对喷射材料和设备进行必要的检查。喷射混凝土所用水泥、细骨料、粗骨料、外加剂及外掺料均应经过验收试验，其质量应符合国家标准和有关行业标准，其储存与保管应符合规范要求。

（1）检查混凝土，混凝土必须符合最大粒径不超过15mm、坍落度控制在120~180mm范围内的规定。

（2）骨料在拌和前需过筛。细骨料宜采用级配合理且细度模数在2.5~3.2范围内的中粗砂，用孔径为5mm的筛网对细骨料（即砂）进行过筛，筛去细骨料中粒径大于5mm的石子；粗骨料宜选用5~16mm连续级配的碎石或卵石，其针片状颗粒应控制在25%以内，分别用孔径为15mm和5mm的筛网对粗骨料（即石子）进行过筛，筛去粗骨料中粒径大于15mm的大石子和小于5mm的石粉与泥砂。注意检查，粗细骨料中不得夹杂有异物，如螺栓、玻璃、铁丝、铁片等。

(3)观察液压油箱、软管泵中液位,其应在最低液位以上,不足时须添加;检查液体速凝剂箱内速凝剂的质量,如发现速凝剂中有少量沉淀,可人工进行搅拌,以保持液体速凝剂混合均匀,但沉淀过多时不能使用。工作环境温度低于10℃时,一般需要采取加热措施来改善液体速凝剂凝结效果。

(4)检查料斗,料斗上的筛网关闭,且不得混有铁器、扳手、铁丝等细长异物。

(5)所有保护装置不仅要正确安装,而且要牢固。

(6)保持混凝土输送管路畅通,不会发生意外堵塞或管路内存在障碍物。

(7)用于连接混凝土输送管的卡箍不仅要闭合,还要由销子或安全螺丝固定。

(8)混凝土输送管没有被过度磨损,否则需要及时更换。

(9)空气软管、添加剂软管应正确连接,并确保紧固。

(10)检查轮胎状况和气压。

(11)所有接近开关都要正常工作。

(12)蜂鸣器工作正常。

(13)急停按钮工作正常。

(14)空压机工作正常。

(15)调节速凝剂添加比例,使速凝剂添加比例达到混凝土配合比设计要求。

(16)遥控操作及参数设置准备。

4.1.2 空间与地面设置

(1)在臂架活动半径内的区域下方,存在掉落管道部件的危险。在输出终端,存在可能发生混凝土掉落的危险。在抽取和清洗机器期间,输出终端和喷头周围是危险区域,存在有可能被击中的危险。只有在臂架活动半径外的区域才是安全区域。

(2)在机器工作区域四周的行车通道或人行横道附近设置障碍和警示标志,以阻止人员或交通工具进入该区域。

(3)禁止任何未经授权的人员停留在机器的危险区域。处于危险区域的人必须被告知提醒;如果经提醒仍然不离开危险区域,不可以开启系统。操作员必须能够直观地在任何时候监控危险区域。必要情况下,可以派一个助手监控危险地带。

(4)在运行期间,操作人员负有整个区域,包括整个工作区域和机器范围的安全责任,这个必须明确。当操作员离开机器时,必须禁止任何非授权操作和意外的变动。

(5)工作期间封锁机器工作场所。

(6)不要去除护栏,禁止危险操作。

(7)变更危险区域的同时,应变更操作类型。

(8)保持连续监控危险区域,确保未经授权的人员不能进入危险区域。

(9)只有专职人员才可以在臂架活动范围内,但是不可在臂架正下方作业。

(10)如果有未经授权进入臂架活动范围内的,应立即停止工作并按下蘑菇状急停按键,关闭机器。

(11)如果石子多空隙或者吸水性强,需要预先湿润石子,防止喷射后混合物的水分被吸收。当修复现有建筑时,需要通过蒸汽喷头高压清洗或砂纸打磨,将所有破坏部分从表面移除。

4.1.3 作业流程

(1) 机器进入场地

操作人员将机器开进工作区域,选择合适位置后停车。需要注意的是大型移动式湿喷台车底盘分为道路型和非道路型工程机械。非道路型工程机械在未取得上路许可的情况下,禁止开上机动车专用道路。

(2) 机器的定位与稳定

停车时,注意清空周围空旷区域,确保不存在妨碍稳定装置定位的障碍物,确定路面平坦且坚固。在机器工作区域四周的行车通道或人行横道附近设置障碍和警示标志,以阻止任何人或交通工具进入该区域。作业时一定要放下支腿,并保证车辆的水平度。

(3) 发动机熄火,连接380V外接电源,启动遥控器。

通常湿喷台车会有有线和无线两种遥控器,应根据需要选择遥控模式,打开并操作遥控器。每个遥控器上都有一个应急停止按钮,用于紧急停止作业。

(4) 移动和展开臂架

大型混凝土湿喷台车有一个最小展开高度和最小展开空间,应先确认有足够空间供混凝土湿喷台车的臂架展开,并按照机器的展开次序打开臂架。

(5) 前期作业

在正式开始混凝土泵送以前,需再次对设备进行检查,检查内容包括:确定泵送水箱内有水;检查液压油箱中液压油的液位,软管泵中润滑油的液位;检查添加剂箱中的添加剂的液位。如果需要使用外接风源,应从工地连接压缩空气管至机器,如果配备空压机,可以使用控制面板附近的压力调节器调节空气压力。为了润滑混凝土运输管道,喷浆前,应向料斗中倾倒一定量的薄砂浆。

(6) 泵送流程

①操纵臂架移动,回转台旋转,喷嘴移动,将喷射方向垂直指向需要覆盖的墙面。

②搅拌运输车供料,打开泵送开关,泵送混凝土开始。

③打开添加剂控制开关,调节合适的添加剂值。

④打开空压机开关,空气压力已经调好应在4~6bar之间。

⑤喷射开始,根据实际支护层情况,适时调整臂架和喷嘴动作,完成整个支护面的喷射支护。

(7) 清洗机器

作业完成后,必须彻底清洗料斗、混凝土管、S-管阀、活塞、喷头等粘有混凝土的部件,以及粘有添加剂的相关管道,直到所有能接触到混凝土的部件均被清洗干净。一般混凝土湿喷台车多利用自身泵送系统和车载水箱接高压水枪进行清洗,以 HPS3016 型湿喷台车为例,设备清洗操作过程如下:向料斗内加水、启动泵送,清洗砂浆管内的混凝土,之后拆掉喷头后边4m的砂浆软管,升起臂架,保证砂浆软管垂直向下,使其中的混凝土掉下,之后停止泵送,在泵送混凝土缸内塞进清洗球,启动泵送,反复两次或三次,保证混凝土清洗干净。

向车载水箱加水,连接高压水枪,启动高压水泵,观察水压应在10bar左右,必须彻底清洗料斗、混凝土管、S-管阀、喷头等粘有混凝土的部件,以及粘有添加剂的相关管道,直到所有能接触到混凝土的部件被清洗干净。

为了阻止水泥和混凝土附着于设备上,方便清洗,建议在作业开始之前向设备上撒一层石蜡、机油或其他产品。

4.2 行驶操作

4.2.1 驾驶员要求

湿喷台车驾驶员上岗要求:经过湿喷台车驾驶操作培训,成绩合格,熟悉驾驶室内各个开关的功能,应变能力较强,具有独立驾驶湿喷台车的经验,能够灵活操作不同配置的设备。市场现有混凝土湿喷台车的驾驶室配置各不相同,铁建重工的系列混凝土湿喷台车中HPS3016、3016S、3016G 型湿喷台车均有前后驾驶室,满足双向驾驶要求;HPS3016W 型只有前驾驶室,单向驾驶;3016 系列型驾驶室均为封闭式驾驶室。中联重科的 CSS3 型混凝土湿喷台车驾驶室为封闭式驾驶室,满足 FOPS/ROPS 要求。驾驶室座椅可以旋转 180°,满足双向行驶要求。

HPS3016S 型湿喷台车:启动＋行走＋停机

4.2.2 行驶注意事项

(1)大型移动式湿喷台车底盘分为道路型和非道路型工程机械。非道路工程机械在未取得上路许可的情况下禁止开上机动车专用道路。

(2)对于无法掉头的小型隧道,保证可以正常作业,即可以将车辆反向驶入,正向驶出。

(3)采用四轮转向可以降低车辆的转弯半径,适合狭小空间的转场要求。

(4)依据交通法规,遵守尺寸范围和重量限制。

(5)启程之前,应检查系统制动器、方向盘、照明系统和信号。

(6)通过桥梁或者地下通道或隧道时,应注意车辆的高度和重量。

(7)在恶劣环境下作业和行驶时,要注意安全,不要在危险的地方单独工作。对行走路面的状况、桥梁的强度、作业现场的地形、地质的状态,应当事前进行调查。

(8)如果在潮湿或松软的地点行走时,应当注意车轮陷落或制动效果。

(9)在水中或沼泽区作业时,不能让驱动桥底部着水。

(10)若堆放在地面上的泥土和沟渠附近的泥土是松软的,在机器的重量或振动下可能崩塌,致使机器倾倒。

(11)避免操作车辆靠近悬挂物或深的沟壑。机器的重量或振动有可能使这些地点产生塌陷,造成机器倾翻,人员伤亡。

(12)当工作地点有落石或机器有倾翻的危险时,应使用保护装置。

(13)连续在雨天作业时,由于作业环境相对于刚下雨时发生变化,应谨慎作业。在地震和爆破之后,由于场地上有堆积物,作业时也要特别小心。

(14)在雪地工作时,装载工作会因雪的种类而发生很大的变化,所以应减小装载量,并避免使机器打滑。

(15)在坡地上行走可能会导致机器的倾倒或打滑,应特别小心。

(16) 在坡道上横行或变换方向,有车辆翻倒的危险,严禁此种危险操作。

(17) 避免在斜坡上转向,只有当车辆到达平坦地面时,方可转向。在山头、岸堤或斜坡上作业时,应降低速度并采用小角度转向。

(18) 尽可能选择上下坡,尽量避免走小巷或人行道。

(19) 下坡前,应先选择合适的挡位,切勿在下坡过程中换挡。

(20) 在坡道上行走时,由于车辆的重心移动到前轮或后轮,要谨慎操纵,绝不可急制动。

(21) 在山坡、堤坝或斜坡上行驶时,应将举升平台降至最低位置,湿喷台车支架降至大约离地面 20~30cm,以降低整机重心,防止翻倒。

(22) 如果满载到坡道时,应采用低速挡行驶。上坡要前进行走,下坡要后退行走。不可转弯。

(23) 下坡时,若实施制动应踩下制动踏板,不要操作变速操作杆或把变速箱置于空挡。不使用发动机的制动力是危险的。如果速度超过一挡速度以上时,应当踩制动踏板降低速度。开始下坡时,要将变速杆置于第一挡。

(24) 当下坡行走时,要使用发动机的制动力,低速行走。如有必要,在使用发动机的制动力的同时,也可使用制动踏板,以控制行走速度。

(25) 当机器在坡地上行走时,如果发动机熄火,应立即把制动踏板完全踏下以施加制动,把湿喷台车支架/支腿降到地面上,然后施加停车制动以固定住机器的位置。

(26) 如果在斜坡上(坡度应小于 15°)发动机熄火,应立即踩下制动踏板,然后将湿喷台车支架/支腿放在地面上并使用停车制动。把方向和变速操作杆放在中位,重新起动发动机。

(27) 禁止在草地上、落叶上或湿钢板上高速行驶。因为如果这样操作,即使很小的坡度也会使机器滑到一边,因此,要低速行走。机器在坡上行走时,要直上直下。

4.3 臂架操作

4.3.1 动力模式选择

市场现有的混凝土湿喷台车产品,臂架操作系统多配置两套动力系统,如中国铁建重工的 HPS3016 系列混凝土湿喷台车臂架操作在发动机和电动机两种动力模式下都可以实现。以前者为例,外电源供电模式:系统依靠外部的三相工业电网供电,所有的电机和电气系统均能正常运行,一般情况下,喷射作业均采用此种模式;内燃机模式:依靠内燃机带动齿轮泵运行,并依靠设备本身的蓄电池为控制系统供电,湿喷台车和臂架系统可以正常工作,但振动电机和速凝剂计量泵不能工作,不能完成喷射作业。内燃机模式主要应用于设备电缆收线以后的设备清洗、机组维护、保养等。

HPS3016S 型湿喷台车:臂架操作

电力条件具备的情况下,应优先选择电动机作业,若电力条件无法满足作业要求时,可以选择发动机作业。

因此,在进行臂架操作前,需对系统动力模式进行选择。以 HPS3016 系列混凝土湿喷台车为例,臂架操作选择发动机模式,必须遵照以下条件:

(1)四通球阀打到臂架位。
(2)启动柴油发动机。
(3)启用遥控机能开关。

选择电动机模式,必须遵照以下条件:
(1)不能启动柴油发动机。
(2)电缆线接380V高压交流电,电控柜显示相序正确,启动电动机。
(3)启用遥控机能开关。

4.3.2 臂架展开和收回的注意事项

(1)臂架展开受到最小打开空间的限制,展开臂架之前,要确保有效展开空间大于机械臂架的最小打开空间,并且按照正确的展臂顺序慢慢打开臂架。

(2)时刻注意伸缩臂附带的软管,继续操作臂架会使软管剐蹭设备和障碍物时,必须停止臂架,待调整位置后重新操作臂架。

(3)臂架收回后,确保臂架平稳安放于车架的臂架支撑座上。

(4)只有当机器完全正确的定位以及支腿完全撑起时,才能打开臂架。

4.3.3 安全事宜

(1)当臂架工作时,危险区域是臂架旋转区域。只有工作人员可以停留在臂架工作范围内,但是不可以在臂架正下方。禁止任何未经授权的人停留在机器的危险区域。处于危险区域的人必须被告知提醒,如果经提醒仍然不离开危险区域,系统不可以开启。操作员必须能够直观地在任何时候监控危险区域。必要情况下,可以派一个助手监控危险地带。

(2)应急停止按钮应保证在触手可及的位置,如果遇到危险,通过紧急按钮,停止所有运行。

(3)当有高压线时,操作须更加谨慎。靠近高压线就会有危险,因为在机器上和机器周围存在机器放电产生的火花。

(4)不要使用湿喷台车的臂架作负重使用,因为所有的喷射臂架都不是作为负重臂设计的,这样做往往会导致事故。

(5)穿戴个人防护器具(图4-1):头盔、口罩、手套、耳塞、安全鞋。

图4-1 个人防护器具

(6)如果遇大风或强风天气,必须采取必要的预防措施。

4.4 泵送操作

4.4.1 动力模式选择

泵送操作在发动机和电动机两种动力模式下都可以实现。电力条件具备的情况下,优先选择电动机作业;若电力条件无法满足作业要求,可以选择发动机作业。

由于发动机功率有限,不能用来长时间泵送,主要用于正在喷浆时工地突然断电的情况,此时必须启动发动机,启动反泵,把砂浆管中的混凝土抽到料斗中放掉,清洗湿喷台车,防止砂浆管中混凝土凝固。

因此,在进行泵送操作前,需对系统动力模式进行选择。以HPS3016系列混凝土湿喷台车为例,选择发动机模式,必须遵照以下条件:

(1)四通球阀打到泵送位;
(2)启动柴油发动机。

选择电动机模式,必须遵照以下条件:

(1)柴油发动机处于熄火状态;
(2)启动电动机。

另外,一般混凝土湿喷台车泵送系统配置两种控制模式,即本地控制和无线遥控,以HPS3016系列混凝土湿喷台车组为例,其配置模式1为采用配电柜面板上的本地按钮对湿喷台车喷射作业进行本地控制,与其他控制按钮高度集中,有助于全盘掌握工作数据并根据现场实际工况进行调整,多用于调试和监控;模式2为采用小型无线遥控器上的按钮对湿喷台车喷射作业进行随身操作,在实际喷射过程中,操作湿喷台车系统的人员时常需要面向料斗,掌握实际的料流和转子转动的情况。模式2采用可移动式小型无线遥控器,可使操作人员对于湿喷台车系统的实际工作情况能够更加准确地控制调节,多用于实际喷射。

4.4.2 泵送前准备

(1)搅拌运输车处于可供料状态。
(2)支腿处于撑起状态,机器各个方位必须平坦,整机不超过设备最大允许倾斜度,如HPS3016系列混凝土湿喷台车最大允许倾斜度为3°。
(3)喷浆员进入隧道必须戴安全帽和口罩;
(4)检查液压油箱中的液位。
(5)检查添加剂箱中的添加剂的液位。
(6)如果需要使用外接风源,从工地连接压缩空气管至机器。
(7)打开压缩空气开关。
(8)在启动混凝土泵送之前,要检查泵送水箱内的水是否蓄满。
(9)为了润滑混凝土运输管道,应先向料斗中倾倒一定量的薄砂浆。

(10) 打开添加剂控制开关，调节合适的添加剂值。

(11) 在良好照明下工作，如果需要可以使用人工照明。

(12) 漏斗必须始终注满混凝土，以免喷射过程吸入空气。

(13) 点动振动电机，观察其工作是否正常。

(14) 检查管道内壁厚度，及时更换损耗部分，并确认混凝土使用正确。

(15) 检查设备，保证搅拌马达运行正常。

(16) 砂浆管卡箍连接牢固，销孔中插有销子。

(17) 检查混凝土缸表面有无锈迹（镀铬层是否损坏）。

(18) 一旦水箱里有过多的混凝土浆，则混凝土活塞必须更换。

(19) 一旦水箱中有液压油，则泵送油缸的密封必须更换。

(20) 检查眼镜板和切割环，如果有很多划痕或过度磨损，则需更换。

4.4.3 泵送间断

由于存在堵管等特殊情况，实际操作中有时需临时单独间断泵送系统，因此，目前常用的混凝土湿喷台车的泵送系统都设计有间断控制，如中联重科的 CSS-3 型混凝土湿喷台车，泵送过程中按下如图 4-2 所示的 Stop 按钮，则泵送中断。若需要重新启动泵送，则应按下相应的正泵或者反泵按钮。

4.4.4 连续泵送

泵送可以在发动机和电动机两种模式下进行选择，可以选择面控或者遥控两种控制方式来控制泵送状态和泵送排量。泵送启动之前，需要保证动力源已经启动，电控柜处于得电状态，遥控/面控转换开关处于相应位置。按下泵送按钮，则泵送启动。泵送过程中，旋转排量控制电位计，可以增大/减小泵送排量。

4.4.5 水箱放水

水箱放水必须在停机状态下进行，尤其是冬季，打开排水球阀（图 4-3），则水箱的水沿着管道从球阀排出。为防止弄湿地面，可以在球阀下方放置接水容器。

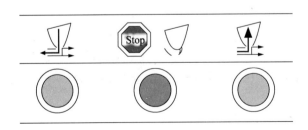

图 4-2 泵送开关

图 4-3 水箱排水球阀

4.5 压缩空气系统操作

4.5.1 系统检查

(1)检查压缩空气管道是否已经正确连接。
(2)选择使用外接风源时,压缩空气管与机器进气管连接。
(3)检查球阀手柄是否处于正确状态。
(4)通过观察窗观察润滑油油位,油位过低则及时加注。
(5)出现软管破损现象时,应及时更换软管。
(6)检查工作环境温度是否在允许范围:HPS3016 型混凝土湿喷台车要求空压机工作环境温度不得超过 46℃,不得低于 0℃。
(7)检查空压机的空气滤清器是否堵塞。

4.5.2 空压机的启动

检查完毕后,启动空压机,一般混凝土湿喷台车配置的空压机可从电控柜操作面板上或遥控器上启动。启动后,空压机自动加载,5~10s 自动供风。一般为了防止误操作,无论启动还是停止空压机,均需长按 1s。

以中联重科的 CSS-3 型混凝土湿喷台车为例,其位于主电控柜上的空压机的控制面板如图 4-4 所示。

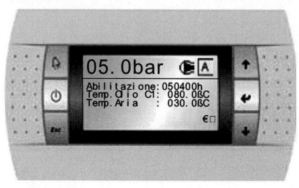

图 4-4 CSS-3 型湿喷台车电控柜控制面板

当所有启动前的预置操作到位时,控制面板显示如图 4-5 所示的数据。
按下启停键启动空压机,空压机启动。空压机空载启动(进气阀关闭),过预设时间后加载,接着进入星三角延迟转换。转换完成,空压机按照预设运行模式传送压缩空气。启动后,出现如图 4-6 所示的页面。

4.5.3 风压调整

空压机的风压大小为 5.5~6bar,一般不得擅自调节,如需调节风量,需联系生产方专业人员进行调节指导。

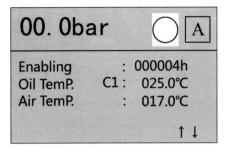
图4-5 CSS-3型湿喷台车空压机
预置显示界面

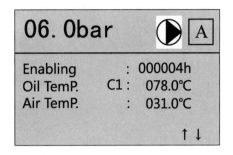
图4-6 CSS-3型湿喷台车空压机
启动显示界面

以中联重科的CSS-3型混凝土湿喷台车为例,需要调整风压时,应首先向上提起先导阀旋钮(图4-7),则旋钮松开,此时通过旋转旋钮可以改变主减压阀的设定压力值,进而调整出口风压。待压力调整完成,按下旋钮,将先导阀锁紧。

图4-7 CSS-3型湿喷台车风压调整阀

4.5.4 空压机的停止

需要停止空压机时,按下控制柜或遥控器上的空压机停机键,空压机进入卸载状态,主电机和散热风扇电机继续运转,持续12s左右,各电动机停机即可,图4-8为中联重科CSS-3型混凝土湿喷台车空压机停机后的屏幕显示。

需要注意的是,空压机卸载需要一段时间。电机停止后,空压机内部残余压力在大约1min之内完全排放,此时屏幕显示如图4-9所示。再次启动空压机需等待2min。

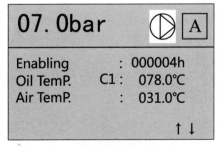
图4-8 CSS-3型湿喷台车空压机
停机后的屏幕显示

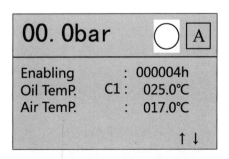
图4-9 CSS-3型湿喷台车空压机卸载显示

4.6 添加剂系统操作

4.6.1 检查

(1) 添加剂检查

添加剂宜选用与胶凝材料相容性较好且经过相关鉴定和工程应用的产品。液体添加剂除满足添加剂的有关要求外,还应控制产品的工艺性能(黏度适宜,有利于准确计量泵送和均匀雾化掺加)和差异性能(不同批次速凝剂的凝结效果有差异,同一批次部分分层沉淀后凝结变差),否则会造成成本的提高和混凝土品质变差。

检查添加剂液位,同时注意防止添加剂溢出。

(2) 管路检查

将添加剂吸管与水管相连,启动添加剂计量泵泵水,观察吸入管内液体流动是否正常;再打开添加剂辅助风截止阀,检查接头是否有泄漏,喷嘴混合环是否堵塞;当喷嘴喷出水时停机。

4.6.2 添加剂掺量的设定

为提高混凝土支护强度和喷射效率,根据工况和地质的不同,需对添加剂掺量进行不同的设定,因此,一般混凝土湿喷台车都具备添加剂掺量设定功能。

例如中联重科的 CSS-3 型混凝土湿喷台车,添加剂掺量通过主显示屏设定。首先,通过操作主菜单进入到如图 4-10 所示的添加剂掺量设置界面;旋转操纵手柄,将光标移动到所需设定的参数值位置;按 OK,参数值被激活,此时通过旋转操纵手柄设定参数值;设定完毕,按 ESC 退回到上一界面。

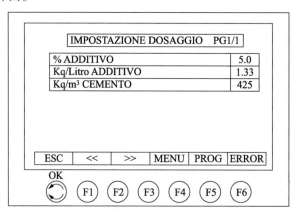

图 4-10 CSS-3 型湿喷台车添加剂掺量设置界面

4.6.3 启动添加剂泵

市场上主要的混凝土湿喷台车的添加剂泵均由电动机提供动力。同时,添加剂泵控制有自动和手动调节两种运行模式。

如中联重科的 CSS-3 型混凝土湿喷台车,将如图 4-11 所示的添加剂泵转换开关换到自动位置,则添加剂泵根据设置的掺量值自动调节调速阀的流量,从而控制泵的转速。若将转换开关换到手动位置,则通过对电位计的操作来调整计量泵的速度。

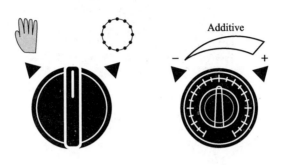

图 4-11　CSS-3 型湿喷台车添加剂泵开关的转换

4.6.4　关闭添加剂泵

通过控制柜或遥控器上的关闭按钮,计量泵立即停止运行。

4.7　喷头操作

混凝土湿喷台车的喷头位于臂架的最末端,是喷点定位的直接定位关节。一般喷头部分具有水平回转和垂直回转两个自由度,不同厂家的产品调节角度范围不同,相应的喷头控制方式不同。

喷头可以在电动机和发动机两种动力模式下操作。喷头操作一般通过遥控器来实现。

首先启动电动机或者发动机,将面控/遥控选择开关置于遥控位置,遥控指示灯亮;然后启动遥控器开关,鸣笛,确认没有人处于危险区域后,操作遥控器面板的喷头控制按钮,实现喷头动作。

4.8　操作盒与遥控器的操作

目前,市场上的混凝土湿喷台车多配置有本地电控柜面控和遥控器遥控两种控制模式,以 HPS3016 系列混凝土湿喷台车为例,电控柜面控和遥控器的遥控操作切换,通过遥控/本地控制切换旋钮(图 4-12)来实现。电控柜通电后,将转换开关置于本地控制位置,本地控制指示灯亮,可以进行电控柜面控操作。将转换开关置于遥控位置,遥控指示灯亮,可以进行遥控操作。

HPS3016 系列湿喷台车电控柜的界面如图 4-13 所示,在面控模式下操作相应的按钮,可以实现相应的动作。

图 4-12　HPS3016 系列湿喷台车遥控/本地控制切换开关

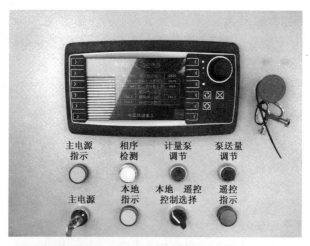

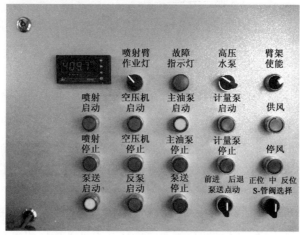

图 4-13 HPS3016 系列湿喷台车电控柜面板

HPS3016 系列湿喷台车遥控器的界面如图 4-14 所示,在遥控模式下操作相应的按钮,可以实现相应的遥控控制。

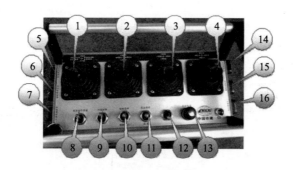

图 4-14 遥控器面板

4.9 施工收尾设备清洗及检查

4.9.1 清洗管路

1）清洗必要性

在喷射作业后，或可能中断30min以上时，应立即在使用现场按说明书规定清洗喷射附件、输料管和混凝土泵。

HPS3016S型湿喷台车：
管路清洗+喷嘴装配

(1) 施喷后残留在料斗内的混凝土，凝固后会减小料斗有效容积，降低泵送效率；并会阻碍 S-管阀和搅动器的运行，损坏管阀和搅动器。

(2) 残留在混凝土泵缸内的少量混凝土凝固后，会阻碍活塞运动，造成活塞及缸壁急剧磨损；若残留混凝土稍多，凝固后使混凝土泵不能运作。

(3) 残留在 S-管阀和输料管内的混凝土，将造成管径减小、输送阻力增大，以致堵管。

(4) 残留在磨耗环上的混凝土也会削弱其密封性能，加大磨耗环和磨耗板的磨损。

(5) 各密封环与环槽间残留的混凝土会破坏密封，降低使用寿命。

(6) 残留在变流器内的混凝土会阻塞压缩空气和速凝剂的正常输入，破坏喷射作业。

(7) 残留混凝土造成的设备运转故障未排除，就强行启动而设备不能正常运转时，操作人员可能误认为电控系统或液压系统的故障，从而导致错误检修，造成电控系统和液压系统的人为故障和损坏。

(8) 残留混凝土造成的设备运转故障未排除就强行启动，还可能造成动力系统超负荷运转，造成液压元件和电器的损坏。

上述所有残留混凝土凝固后的清理都比初凝前清理困难、耗时和费力，清理凝固混凝土时，还可能损坏零件。要保证喷射设备的正常工作性能，在下次喷射作业时顺利进行，并减少不必要的损耗，延长各零部件的使用寿命。每一次施喷作业后应立即彻底检查和清洗料斗、混凝土泵缸、S-管阀、输料管、变流器和所有密封件，这是极为重要、必不可少的保养作业内容。

如果喷射作业仅仅是暂时中断，并在初凝前能够再次施喷，则可以不做清洁、保养作业。中断时间若超过混凝土初凝时间，则应立即执行清理作业。

未添加缓凝剂的混凝土，最大允许中断可不清理的时间$<B-$运输时间$-$等待时间$-$已用喷射时间。

添加缓凝剂的混凝土，最大允许中断而不清理的时间$<A-$运输时间$-$等待时间$-$已用喷射时间。

A、B 由工地混凝土试验室提供。

2）注意事项

(1) 在设备刚投入使用的四周内，只能使用压力不超过5bar的冷水冲洗设备表面喷漆部分，禁止使用带有腐蚀性的清洗液。经过一段时间待漆膜完全固化后，才可以使用喷气或其他的清洗手段。

（2）禁止用海水或含盐分的水清洗。如果设备上沾有海水，必须立即用清水冲洗。

（3）为便于清洗喷射臂架、料斗及其他易被混凝土弄脏的部件，可以事先用脱模剂或废油涂抹在机件上。

（4）在清洗过程中，必须保持筛格处于关闭状态，以防止搅动器伤及人员。如果需要打开筛格，必须关闭电源，停止搅动器。

（5）因为采用压缩空气清洗输送管路会增加意外事故，所以在清洗时必须由专家操作，或在专家监督指导下、完全了解和遵守安全规则，再进行空气清洗操作。

（6）为确保安全，建议仅在应急时使用压缩空气清洗输送管路。

（7）使用高压清洗水泵清洗机组各部位残留混凝土时，工作人员应穿戴如图 4-15 所示的劳动防护用品。

（8）在准备用清洗水枪冲洗 S-管阀的磨耗环和密封环前，在 S-管阀外部量测需要伸入的深度，用胶带做出标记（图 4-16），以便于清洗时掌握有关情况。

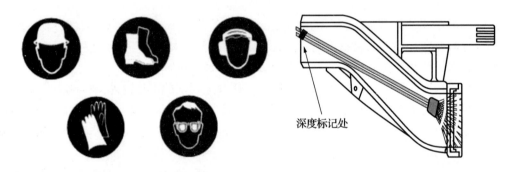

图 4-15　劳动防护用品　　　　　　　图 4-16　伸入深度标记

3）清洗准备

依据采用的清洗方法，准备相应的清洗工具，具体如图 4-17 所示。对 80mm 内径的输送管路，建议采用 DN120 或 DN150 海绵球。

图 4-17　各种清洗球和塞
1-海绵塞；2-立方体海绵塞；3-海绵球；4-橡胶清洗塞

水洗或压缩空气清洗管路,在管路出口端必须使用挡篮(图4-18),使混凝土能流出、海绵球被拦住并密封管路。否则,清洗球(塞)和混凝土会在出口处以很大速度喷出,易造成意外伤害。如果用水清洗混凝土,也推荐使用挡篮,以确保安全。

当用高压水清洗输送管道时,将纸质水泥袋用水浸湿,并卷成麻花状,可以有效阻止清洗水进入混凝土,防止混凝土离析而造成堵管。同时,可减少清洗球的磨耗。因此,在开始用水清洗作业前,可准备一节含有水泥袋和海绵清洗塞的短管。

4)清洗作业流程

现以HPS3016系列混凝土湿喷台车为例,清洗系统如图4-19所示。

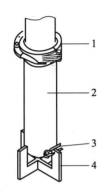
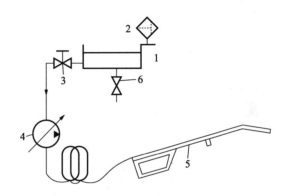

图4-18 管路出口使用挡篮
1-快速接头;2-挡篮管;3-弹簧销;4-挡篮

图4-19 HPS3016系列湿喷台车清洗系统图
1-清洗水箱;2-空滤器;3-出水截止阀;4-高压水泵;5-高压水枪;6-排水阀

(1)启动水泵前

先对设备进行必要的检查:检查水泵润滑油位;检查水温,水温应在5~60℃之间;检查水箱水位;加满水箱,加水时,打开进水过滤器下的排放阀,使管路中的空气排出,确保水泵[图4-20a)]不会干运转,水泵无水干运转会损坏水泵;检查是否有霜冻,若水泵发现有霜冻,应使用热水浇淋水泵;连接水泵水枪[图4-20b)]的高压水管。

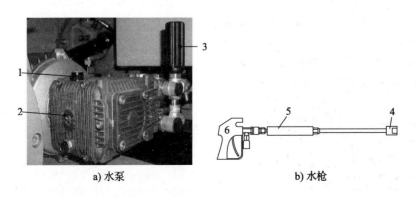

a)水泵 b)水枪

图4-20 高压水泵和水枪
1-加油口;2-油位窗;3-输出压力调节器;4-喷嘴;5-水流调节器;6-枪把和喷水扳机

若使用清洗剂,应先了解其成分、性质和适用范围。不得使用有腐蚀作用的清洗剂。

(2)启动水泵

在机组电控柜上启动水泵。用水枪扳机喷水,直到水管内空气排净、喷出稳定的水柱。在喷枪上可以变换水柱或水雾喷出压力。此时松开喷枪扳机、停止喷水,压力表显示无压力,显示整个水泵系统运转正常。

由于常用清洗作业不需要很高的压力,因此不必把水泵的最大输出压力调到200bar。若喷枪扳机开动后输出压力不能自动切换到设定输出压力,则应适当调小输出压力。在上述准备工作没有完成前,不要使用高压水泵进行清洗作业。

(3)清洗作业

清洗时,喷射水流不要垂直对准清洗面,应斜着冲洗,喷嘴到目标面的距离约30cm。

用大流量高压水冲洗S-管阀、耐磨环和密封环,是最好的方法。在清洗时,要把水管从S-管阀出口伸进S-管阀内的冲洗位置。

在S-管阀外部量好高压清洗水枪允许伸进S-管阀的长度,水枪喷嘴应定位于密封环前,残留在耐磨环和密封环之间的混凝土会被水冲出来。

不得对准电气元件直接喷水。

(4)清洗作业后

如果使用过清洗剂,作业后应使用清水冲洗整个系统。在机组电控柜上停止高压水泵运转。在确认系统完全泄压后,卸下水管和喷水枪,并妥善保管。

在清洗系统内仍有压力或高压水泵仍在运转时,不得拆卸水管和喷水枪。

在寒冷气候有霜冻危险时,清洗作业结束、水泵停机后,应打开进水过滤器下的排放阀,排尽系统内的剩水。

5)清洗混凝土泵

喷射作业后清洗混凝土泵的料斗、混凝土泵缸和S-管阀是重要的日常保养作业,以HPS3016系列混凝土湿喷台车为例,清洗混凝土泵应按以下程序进行:

(1)清洗喷射头(图4-21)

由于从变流器处输入速凝剂,该处若有混凝土残留,很快会凝固,必须在停止喷射后立即清理。应确保在混凝土和速凝剂停喷后,压缩空气继续喷10~20s;降低臂架,把喷射头调整到便于操作的高度和位置;关闭混凝土泵、速凝剂输送装置、空压机和臂架;卸开喷射头上混流器接头;从混流器中抽出喷嘴,清洗混流器,疏通并清理注入口;清洗和检查密封圈;清洗喷嘴,带注入小孔的,须疏通各注入小孔。

在清洗混凝土泵的过程中,禁止通过筛格插入任何清洗工具。当S-管阀摆动时,这些工具可能被毁坏;同时也可能对人员造成伤害。

在卸料门下放置一张旧帆布,以回收混凝土;打开料斗泄料门,排出残留混凝土;启动反抽,混凝土从输料管和缸内进入料斗,接着从泄料门排出。在反抽时,适当举高喷射臂架,可借助于混凝土的重

图4-21 HPS3016系列混凝土
湿喷台车喷头

力,使管道内的混凝土排出。回收垫每次能运走的混凝土量,取决于回收垫的强度和运输方式。

(2) 清洗混凝土泵

在混凝土泵缓慢反抽时,用高压水冲洗 S-管阀和混凝土泵缸。先打开料斗出料口弯管;使混凝土泵低速反抽;从摆管阀出口端,用带有深度标记的水管冲洗 S-管阀;水管伸入 S-管阀时,以不超过密封环的深度标记为限。超出此长度,水枪喷嘴可能被 S-管阀切断。冲洗到流出清水时,两个泵缸已交替清洗。仔细冲洗料斗及所有与混凝土有直接接触的部件。

(3) 清洗输送管道

采用不同的清洗工具,可有不同的管道清洗方法。用清洗球清洗机组混凝土输送管路的方法,简单易行而有效。

在输送管路内的混凝土大部分已经用混凝土泵反抽的方法排除后,关闭料斗卸料门;降低喷射小臂,卸下喷嘴,把留在喷射头上的输送管出口对准墙脚。

值得注意的是:不得把输料管出口对着有人或可能有人员通行的地点。如图 4-22 所示,拆卸 90°弯管两端的管接头 1,移开 90°弯管;从 45°弯管进口塞入湿水泥口袋纸团和 DN150 清洗球;安装好 90°弯管两端的管接头;在料斗内注入清水,并保持料斗有足够的供水;启动混凝土泵,向输送管道泵送清水;在纸团和清洗球从喷射头端出口被泵出后,继续泵送至流出的水不再浑,管道清洗完成。正常情况下,混凝土泵提供的压力足以推动清洗球和纸团,以刮净管壁黏附的混凝土。

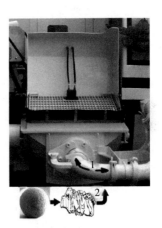

图 4-22　输料管
1-90°弯管;2-湿水泥口袋纸团

(4) 压缩空气清洗输送管道

压缩空气清洗输送管道时,由于存在危险因素多,需要的专用工具比较多,最终还需要用水做最后清洗,过程较繁杂,不推荐使用。

6) 其他部件的清洗

由于喷射混凝土时不可避免产生反弹,会有砂浆黏附在活塞杆、液压马达输出轴、销孔销轴、阀杆处以及各运动件的露出部位和接合部,砂浆凝固后会对运动件和密封件造成磨损。

喷射头及其油马达受混凝土粘染最严重,凝固后的混凝土不仅增大液压马达的负荷,而且很快破坏液压马达的密封件。例如,刷动马达密封件和偏心轴及轴承的损坏,都是由受未清除掉的砂浆破坏造成的。

喷射臂伸缩滑道也是受混凝土粘染严重的部位,混凝土内含有的水泥和添加剂对油漆的破坏性很大。

完成以上所述的清洗作业后,必须接着清洗上述各部位的黏附混凝土。

喷射头上各运动部件必须仔细清理干净后涂油保护。

在气候有霜冻可能时,工作结束后,输料管、水箱和水泵内的水都必须完全排空,以免霜冻造成机件冻裂。

在混凝土湿喷台车机组长时间不用的情况下,如周末或隔夜休息时,即使在常温下,也必须排空水箱,并打开水箱排水口。

高度雾化的防腐剂等很容易引起爆炸,喷涂防腐剂时应远离火源、火星。

挥发到空气中的清洁剂、溶解剂和防腐剂对人的肺部有损害,工作时必须配备呼吸保护装置。清洗后对钢结构使用防腐剂和隔离剂。

为了阻止水泥和混凝土附着在设备上,方便清洗,建议在作业开始之前向设备上撒一层机油或其他产品。

4.9.2 臂架收回

启动遥控器,遥控器启动主电机,打开臂架使能开关,按照"先小臂,后大臂"的顺序慢慢收回臂架,确认臂架平稳置于臂架支撑上,关闭遥控器,臂架收回完成。

4.9.3 设备检查

(1)检查管路以及易损件的磨损情况,视情况更换。

(2)重新布置三通阀门,以恢复与添加剂泵的连接。

(3)所有工具放回工具柜内。

(4)所有箱门关闭。

(5)机身没有残留混凝土。

(6)机身没有放置杂物。

(7)电缆已经被收起并固定在电缆卷盘。

(8)安全装置(如限位开关、安全销等)正确,且固定牢固。

第5章 混凝土湿喷台车的常见故障分析及排除方法

5.1 泵送机构

5.1.1 S-管阀摆动异常

1)故障分析

(1)液压系统故障。如:摆动油缸活塞密封损坏,出现内泄;蓄能器压力不够或皮囊损坏;S-管阀最大压力阀调节的压力不足或最大压力阀损坏。

(2)混凝土料不符合设备的泵送要求,即混凝土可泵送性差。混凝土料太稠,坍落度不够,S-管阀摆动阻力大;混凝土料太稀,加水过多,混凝土料离析;混凝土料配比本身泵送性差,粗骨料太多或细骨料级配不好,和易性差。

(3)眼镜板切割环装配不到位,产生料漏浆,增大切割力,造成S-阀摆不到位或摆不动。

(4)S-管阀的大小轴承座长期缺少润滑油,产生很大的阻力,使S-阀摆不到位或摆不动。

2)排除方法

(1)观察摆动压力表,看是否正常。

(2)检查混凝土料是否具备可泵性。

(3)检查切割环装配是否进入S-管阀止口,如没进入止口,应卸下切割环;如橡胶弹簧损坏则需更换,再装上并拧紧异形螺母,使切割环与S-管阀间隙不大于4mm即可;若切割环装配到位,应检查左右切割环与眼镜板的间隙是否一致,如差异过大,需卸下眼镜板检查,可能原装配面上残余混凝土未清干净,凸起部位使眼镜板没装平。

(4)检查大小轴承座是否有油脂溢出。摇手动润滑脂泵,如很费力或摇不动,应对大小轴承座上润滑点逐个卸开,压油检查,卸开某一个点能摇动,则是该点堵塞,需疏通油道。

5.1.2 主油缸运动速度慢

1)故障分析

(1)主油泵比例电磁阀未得电。

(2)比例电磁阀卡在最小排量处。

(3)电磁溢流阀泄漏。

(4)主油泵恒功率阀故障。

2)排除方法

(1)测量比例电磁阀输入电压,检查是否得电。若未得电,则检修

HPS3016S型湿喷台车故障及处理:主油缸运动速度慢

相应的电路系统。

（2）将比例电磁阀拆下清洗,检查阀芯是否卡死。若卡死,则拆下阀芯,检查阀芯是否损坏,采取更换或清洗措施。

（3）将电磁溢流阀拆下清洗,检查阀芯是否卡死。若卡死,则拆下阀芯,检查阀芯是否损坏,采取更换或清洗措施。

（4）将恒功率阀拆下清洗,检查阀芯是否卡死。若卡死,则拆下阀芯,检查阀芯是否损坏,采取更换或清洗措施。

5.1.3　泵送混凝土时经常堵管

1）故障分析

（1）眼镜板、切割环间隙过大。

（2）输送管路清洗不干净,某段管路黏附混凝土管径变小。

（3）混凝土配合比不符合泵送要求。

2）排除方法

（1）检查眼镜板、切割环间隙是否在允许的范围内,若间隙过大,则更换眼镜板、切割环。

（2）拆开输送管路,检查是否有管径变小。若有,则清除黏附混凝土。

（3）检查混凝土配合比是否符合泵送要求,并进行相应调整。

5.1.4　主油缸不动作

1）故障分析

（1）液压系统缺油,自动停机。

（2）液压系统油温太低。

（3）泵送量调得太小。

（4）应急停机按钮按下并锁定。

2）排除方法

（1）检查油箱液位计油位,若液面过低,则加注液压油。

（2）观察油箱温度计,若温度过低,则运转液压系统,但不运转混凝土泵,使油温上升后再启动混凝土泵。

HPS3016S 型湿喷台车故障及处理:主油缸不动作

（3）重新调整泵送量,分别在主电控柜和遥控器上设定提高的泵送量。

（4）检查应急停机按钮是否被按下并锁定。若被锁定,则手动解锁,应急停机复位。

5.1.5　油缸动作异常

1）故障分析

（1）液压系统缺油。

（2）混凝土泵液压缸接近开关不起作用或损坏。

（3）液压系统换向阀电磁线圈或其连接故障。

（4）液压换向阀有脏物堵塞。

第5章 混凝土湿喷台车的常见故障分析及排除方法

2)排除方法

(1)检查油箱液位计油位,若液面过低,则加注液压油。

(2)检查接近开关的安装位置及接线情况。若安装位置不合理,则重新调整定位;若接线损坏,则更换线路。

(3)手动反复启动混凝土泵反抽,检查换向阀电磁线圈指示灯:若不亮,则线圈未连接好;连接好后仍不亮,则更换线圈。

(4)手动启动混凝土泵反抽2~3次,反复几次冲开堵塞物;若无效,须拆洗换向阀或更换。

5.2 发动机部分

5.2.1 发动机无法启动

1)故障分析

(1)蓄电池缺电。

(2)启动机齿轮咬死或者启动机烧坏。

(3)发动机滤芯脏(柴油滤芯、机油滤芯)。

HPS3016S型湿喷台车故障及处理:发动机无法启动

2)排除方法

(1)检测蓄电池电压,若缺电,则用外接蓄电池启动设备,给蓄电池充电。

(2)拆下启动机,手动转动齿轮,重新安装,再启动发动机,若无效,则更换启动机。

(3)检查发动机滤芯,若滤芯脏,则更换发动机滤芯、清洗柴油油箱,并在加油口加滤网。

5.2.2 行驶中发动机突然熄火

1)故障分析

(1)柴油油箱无柴油。

(2)柴油油路有破损漏油。

(3)柴油油路滤芯堵塞。

(4)输油泵损坏。

2)排除方法

(1)检查柴油油箱是否有柴油,若无,则进行添加。

(2)检查柴油油路是否有破损漏油现象,若有,则修复或更换配件。

(3)拆下柴油油路滤芯,查看滤芯清洁情况,若堵塞,则更换滤芯。

(4)检查输油泵状态,若损坏,则更换输油泵。

5.2.3 发动机机油压力低

1)故障分析

(1)机油油位太低。

(2)机油滤芯堵住,导致供油不畅。
(3)机油传感器损坏,机油表计量不准确。
(4)发动机内部油道串油、内泄。

2)排除方法

(1)检查机油油位是否合适,若液位过低,则添加机油。
(2)检查机油滤芯是否堵塞,若堵塞,则更换。
(3)检查机油传感器和机油表是否完好,若损坏,则更换。
(4)拆开油箱底壳,检查发动机情况,若内部油道窜油,则联系设备厂家,进行维修。

5.2.4　发动机掉速并冒黑烟

1)故障分析

(1)进气不足。
(2)燃油与空气未充分混合。
(3)排气不畅。

2)排除方法

(1)拆下空气滤清器,若积尘较多,则吹洗空气滤清器。
(2)检查增压器,若增压器损坏,则更换。
(3)拆下消声器,检查发动机工作是否正常。若发动机工作正常,则更换消声器;若发动机仍无法正常工作,则联系厂家。

5.2.5　发动机水温过高

1)故障分析

(1)冷却液不够。
(2)风扇或水泵的皮带断裂。
(3)散热器表面有灰尘。
(4)节温器未打开或未完全打开。
(5)水泵损坏。
(6)发动机内部水道产生水垢。
(7)发动机出现拉缸、烧瓦等故障。

2)排除方法

(1)检查冷却液液位是否符合要求,若液位过低,则添加冷却液。
(2)检查风扇或水泵的皮带是否断裂,若断裂,则更换皮带。
(3)检查散热器是否堵塞,若堵塞,则立即进行清洗。
(4)用手感受大循环管路温度,若管路的进出口段温差较小,则打开节温器。
(5)拆下并检查水泵是否损坏,若损坏,则立即更换。
(6)联系厂家排除故障。
(7)联系厂家排除故障。

5.2.6 油门不稳定

1)故障分析

(1)启动发动机:速度传感器损坏,或 APECS 单元损坏,或比例控制器损坏。

(2)驾驶过程中:脚踏油门控制器损坏,或 APECS 单元损坏,或速度传感器损坏,或比例控制器损坏。

2)排除方法

(1)检测速度传感器是否损坏,若损坏,则更换。

(2)检查比例控制器是否损坏,若损坏,则更换。

(3)检查脚踏油门控制器是否损坏,若损坏,则更换。

(4)检查 APECS 单元是否损坏,若损坏,则更换。

5.3 电控系统

5.3.1 整机突然断电

1)故障分析

(1)主泵电机超负荷运转,发生故障,引发系统急停响应。

(2)系统油压故障,引发系统急停响应。

(3)系统油温故障,引发系统急停响应。

(4)现场电网断电。

(5)总断路器跳闸或主泵电机热继电器跳闸。

2)排除方法

(1)关闭电源,检查泵送料斗或气料混合仓内混凝土积料是否过多,若过多,则立即清除;检查主电机控制回路是否工作正常,若异常,则立即排除故障并复位。

(2)关闭电源,观察系统油压压力仪表,若压力过高,则去排除油路系统中的故障,然后对设备进行复位。

(3)关闭电源,观察油箱温度计,若温度过高,则检查散热风扇是否正常工作。若工作异常,则维修或更换散热风扇。

(4)关闭电源,停止作业,把动力模式切换为发动机模式,收回臂架,与现场人员沟通,解决供电问题。

(5)观察电压表工作电压是否在允许范围内,若工作电压过高,则说主泵电机过载,应检测液压管路以及混凝土输送系统,排除异常情况。

5.3.2 电动机不能启动

1)故障分析

(1)无外电源供应。

(2)相位错误指示灯亮,接入相位不对。

(3)液压油位过低。

(4)某个或多个应急停机按钮压下,应急停机按钮指示灯闪亮。

(5)遥控器有故障,或插头插座损坏、电缆破损。

(6)对应电机开关未闭合。

(7)控制系统电源未闭合。

(8)相关报警故障没有得到解除。

(9)启动(停止)按钮损坏或线路接触不良。

(10)软启动器使能端子没有接通。

2)排除方法

(1)在外电源接入处检查电压,若无电压,则与相关人员沟通,解决供电问题。

(2)检测任意,网相线路间电压是否均为380V,若不为380V,则缺相,须重新接线或修复线路;确认无缺相后,任意对调两根接线。

(3)检查液压油箱油位,如液压油位过低且必须启动机器,则应短接传感器两根接线,并尽快加液压油。

(4)检查应急停机按钮是否被压下,确认在远程控制状态时遥控应急停机按钮处于旋起状态,确认本地应急停机按钮旋起。

(5)检查并修复遥控器;检查并修复插头插座;查出断线并重接,或更换电缆。如果电控柜面板相应电机启动指示灯已亮,输出线路故障,则应查出断线,利用空置备用线重接,或更换控制电缆。

(6)打开电控柜,检查对应电机开关是否闭合,若未闭合,则闭合相应开关。

(7)打开电控柜,检查220V线路开关和控制系统开关是否闭合,若未闭合,则闭合相应开关。

(8)及时查看是否有报警指示信息,若有,则及时排除。

(9)检查按钮,看其是否损坏或是否被杂物卡住。若是,则更换按钮或清除杂物。

(10)根据原理图检查对应电路是否断路,若发生断路,则连接线路。

5.3.3 接触器动作,电机不转

1)故障分析

(1)动力模式此时为内燃机模式。

(2)缺相。

2)排除方法

(1)停机,关闭电源开关,检查动力模式,若为内燃机模式,则将其切换到外电源模式。

(2)立即停机,关闭电源开关,检查接线头的连接情况,若连接良好,则用万用表检测三相电压,以排除故障。

5.3.4 泵送或转子自动停止

1)故障分析

计量泵堵管,导致压力开关动作。

2)排除方法

检测压力开关是否得电,若得电,则疏通计量泵管路系统,排除故障。

5.3.5　振动电机热继电器跳闸

1)故障分析

(1)过载。

(2)电机轴承损坏。

(3)电机烧毁。

2)排除方法

(1)检查泵送料斗内混凝土是否积料过多,若过多,则立即清除;检查主电机控制回路是否正常工作,若工作异常,则立即排除故障并复位。

(2)检查振动电机轴承,若轴承损坏,则立即更换。

(3)检查振动电机是否烧毁,若被烧毁,则立即更换。

5.3.6　程序不稳定

1)故障分析

控制器、变频器、人机交互界面对应位置没有可靠接地。

2)排除方法

检查接地电缆是否连接到位。若未可靠接地,则重新连接线路。

5.3.7　无线遥控器电源灯有指示,操作无响应

1)故障分析

(1)无线遥控器上系统急停按钮没有复位。

(2)启动之前,无线遥控器面板上有操作器按钮(开关)没有处在零位。

2)排除方法

(1)检查急停按钮,若未复位,则旋转急停按钮,使之复位。

(2)关闭发射器电源,检查所有操作器按钮(开关),确保其均置于零位,再重启电源。

5.3.8　启动无线遥控器,操作无响应

1)故障分析

(1)遥控器上的电池无电。

(2)操作死机。

(3)接收器天线损坏。

(4)外部高频干扰。

(5)遥控器损坏。

2)排除方法

(1)检查遥控器电源灯是否闪烁,若闪烁,则更换电池。

(2)连续操作多个使能按钮,若均无响应,重启电源。
(3)检查天线是否损坏,若损坏,则应立即更换天线。
(4)更改遥控器上发射频率。改频方法:通电后同时按下启动键和箭头键,观察遥控器显示屏的数字,发生变化后,即完成快速换频操作。
(5)确认无以上(1)~(4)项故障,则遥控器可能损坏,应立即维修。

5.3.9　无线遥控器操作键无响应

1)故障分析

个别键操作无反应。

2)排除方法

从人机交互界面上观察对应的操作有无输入信息,进而判断是否损坏,如损坏,应及时维修。

5.3.10　机组散热风扇不工作

1)故障分析

(1)没有闭合对应断路器。
(2)系统油箱反馈温度没有达到30℃。
(3)风扇电机烧毁。
(4)风扇启动电容烧断。

2)排除方法

(1)检查散热风扇断路器是否闭合,若断开,应立即闭合。
(2)查看系统油箱反馈温度,若未达到30℃,属正常现象。
(3)检查风扇电机是否烧毁,若烧毁,则更换电机。
(4)查看启动电容,若烧断,则立即更换电容。

5.4　液压系统

5.4.1　液压泵不运转

1)故障分析

(1)油箱中液压油油位偏低,机器自动停止运行。
(2)散热器堵塞,导致油温过高而停机。
(3)液压泵故障。

2)排除方法

(1)查看油箱液位计油位高度,若油位偏低,则加注液压油。
(2)拆下散热器,查看散热器是否堵塞,若堵塞,则清洁散热器。
(3)拆下液压泵,试验检测是否损坏,若损坏,则更换液压泵。

5.4.2 液压系统无压力

1）故障分析

(1) 液压泵吸油不畅。

(2) 液压泵损坏。

(3) 泵、电机连接处损坏。

(4) 电机烧坏。

2）排除方法

(1) 观察油箱液位计，液位过低时，加注液压油；液位正常时，查看吸油过滤器是否堵塞，若堵塞，则更换过滤器。

(2) 拆下液压泵，试验检测液压泵是否损坏，若损坏，则更换。

(3) 查看钟形罩内泵与电机的连接情况，若损坏，则更换连接处损坏元件。

(4) 检查电机是否烧毁，若被烧毁，则立即更换。

5.4.3 液压系统油压压力偏低

1）故障分析

(1) 溢流阀设定值过低。

(2) 溢流阀泄漏。

(3) 油箱液面低。

(4) 泵、马达磨损，内泄大。

2）排除方法

(1) 检测溢流阀溢流压力，若设定值过低，则重新调整溢流阀设定值。

(2) 将溢流阀拆下清洗，检查阀芯是否卡死。若卡死，则拆下阀芯，检查阀芯是否损坏，采取更换或清洗措施。

(3) 查看油箱液位计油位高度，若油位偏低，则加油至标定高度。

(4) 拆下泵、马达，试验检测内泄量，内泄量过大，则修理或更换泵、马达。

5.4.4 液压系统油压压力不稳定

1）故障分析

(1) 油液中有空气。

(2) 溢流阀内部磨损引起泄漏。

(3) 泵、马达磨损，内泄大。

(4) 油液污染。

2）排除方法

(1) 在压力测量口连接压力表线，若有气体排出，则油液中有空气，一直排气，直至排尽油液中空气。并且查找系统泄漏处，进行封堵。若空气排尽后油箱油位过低，则添加液压油。

(2) 拆下溢流阀阀芯，检查阀芯和阀体磨损情况，若磨损严重，则修理或更换溢流阀。

（3）拆下泵、马达，试验检测内泄量，内泄量过大，则修理或更换泵、马达。
（4）查看油箱中油液清洁度，若污染严重，则冲洗油箱、更换液压油。

5.4.5 液压系统油压压力过高

1）故障分析

（1）溢流阀损坏、失调。

（2）变量泵变量阀不工作。

2）排除方法

（1）检测溢流阀溢流压力，若压力值过高，则重新调定或更换溢流阀。

（2）拆下变量泵变量阀，清洗并检查变量阀是否损坏。若损坏，则修理或更换变量阀。

5.4.6 湿喷台车工作噪声大

1）故障分析

（1）泵内有空气。

（2）油液中有空气。

（3）泵、马达损坏。

2）排除方法

（1）打开泵排气口，若有气体排出，则泵内有空气，排气至液压油溢出。

（2）在压力测量口连接压力表线，若有气体排出，则油液中有空气，一直排气，直至排尽油液中空气。并且查找系统泄漏处，进行封堵。若空气排尽后油箱油位过低，则添加液压油。

（3）拆下泵、马达，试验检测泵、马达是否损坏，若损坏，则修理或更换泵、马达。

5.4.7 液压系统运行时温度异常

1）故障分析

（1）液压系统超负荷运转，造成油温过高。

（2）电动机的连接或电缆故障。

（3）液压油油位偏低或油温传感器故障。

（4）散热器太脏或散热器风扇不运转，导致油温过高。

（5）双联泵出口过滤器污染严重。

（6）油箱吸、回油过滤器污染严重。

（7）电磁方向阀开启不充分。

HPS3016S 型湿喷台车故障及处理：液压系统运行时温度异常

2）排除方法

（1）适当降低系统负荷后运转，观察油温，若油温降低，则系统超负荷运转。处理方法：适当降低系统负荷，停止运转，等油温降下来后重新启动；加满混凝土泵水箱或更换常温清水，以利于液压系统通过液压活塞杆散热降温。

（2）检查电动机的连接处和电缆，若有零件损坏，则及时更换。

(3)观察油箱液位计,若液位偏低,则加注液压油;或检测油温传感器是否损坏,若损坏,则及时更换。

(4)查看散热器是否堵塞,若堵塞,则清洁散热器;检查散热马达及液压管路,必要时更换损坏的零件。

(5)拆下过滤器,检查滤芯清洁度,若污染严重,则更换滤芯。

(6)拆下过滤器,检查滤芯清洁度,若污染严重,则更换滤芯。

(7)拆下电磁方向阀,检查能否安全开启。若开启不充分,则及时维修。

5.4.8 系统运行时噪声异常

1)故障分析

(1)液压油箱油量不足。

(2)双联泵出口过滤器污染严重。

(3)油箱吸油过滤器、回油过滤器污染严重。

(4)双联泵损坏。

2)排除方法

(1)观察油箱液体计,若液位偏低,则添加液压油。

(2)拆下过滤器,检查滤芯清洁度,若污染严重,则更换滤芯。

(3)拆下过滤器,检查滤芯清洁度,若污染严重,则更换滤芯。

(4)拆下双联泵,试验检测双联泵是否损坏。若损坏,则维修或更换。

5.4.9 压力表显示压力异常

1)故障分析

(1)马达内漏。

(2)臂架相应执行机构内漏。

2)排除方法

(1)拆下马达,试验检测内泄量,内泄量过大,则修理或更换马达。

(2)观察臂架相应执行机构动作状态,若动作迟缓,并在确认相关液压管路及液压阀工作正常的情况下,则执行机构内漏,须及时维修或更换臂架相应执行机构。

5.4.10 电缆卷筒操作线失灵

1)故障分析

(1)卷线马达损坏。

(2)齿轮泵损坏。

(3)换向阀芯被杂物卡住,不通油。

2)排除方法

(1)检查卷线马达工作状态,若工作异常,则维修或更换马达。

(2)检查齿轮泵的工作状态,若工作异常,则维修或更换齿轮泵。

(3)拆下换向阀,检查阀芯是否动作灵活,若动作卡滞,则拆出阀芯,清洗或更换。

5.5 臂架系统

5.5.1 臂架控制完全失灵

1）故障分析

（1）应急停机功能起作用。

（2）臂架使能阀没有得电或阀芯卡死。

2）排除方法

（1）检查所有应急停机按钮是否复位，若有未复位的按钮，则应手动复位，解除应急停机功能后，然后逐一检试喷射臂各动作控制功能。

（2）检查多路阀使能阀是否得电，若未得电，则重新连接线路；若得电，检查阀芯是否卡死。当阀芯被卡死时，则拆出阀芯，清洗或更换。

5.5.2 臂架回转过度、无限位

1）故障分析

回转机构限位开关损坏，限位触发杆弯曲。

2）排除方法

检测限位开关是否损坏，观察触发杆是否弯曲。若损坏或弯曲，则修复回转机构限位开关。

5.5.3 臂架或喷头某些操作失效

1）故障分析

（1）遥控器某个操作手柄失效。

（2）电磁阀或溢流阀卡滞或损坏。

（3）臂架泵损坏。

（4）油缸或马达损坏。

2）排除方法

（1）用应急手柄操作，如果正常，则可能是遥控器手柄失效，检修相应的遥控器手柄。

（2）如果故障依然存在，则用手推动电磁阀或溢流阀，检查阀芯是否卡滞，若卡滞，则检修电磁阀或溢流阀。

（3）检查油泵是否损坏。若损坏，则维修或更换。

（4）检查油缸、马达是否损坏。若损坏，则维修或更换。

5.5.4 喷射臂出现自行缓慢掉落

1）故障分析

（1）平衡阀损坏。

（2）臂架油缸密封损坏。

2）排除方法

(1)检测平衡阀是否损坏,或损坏,则更换平衡阀。
(2)查看臂架油罐密封处是否有油液渗出,若渗出油液,则更换臂架油缸密封。

5.5.5 喷头摆动马达动作缓慢

1)故障分析
(1)液压锁损坏、泄漏。
(2)摆动马达内泄。
(3)参数值设置不合理。
2)排除方法
(1)互换摆动马达管路,判断是否为液压锁问题。若是,则更换液压锁。
(2)检测摆动马达内泄量,若内泄量过大,则应拆开摆动马达,更换密封。
(3)检查 PLC 上的参数值,若设置不合理,则调整 PLC 上的相应参数值。

5.6 润滑系统

5.6.1 润滑泵不动作或动作缓慢

1)故障分析
(1)压力不足。
(2)PLC 参数设置不当,或电磁阀没有接通或接错。
(3)润滑脂不清洁,造成柱塞被卡住。
(4)气缸活塞 O 形圈失效或导向套脱落。
(5)换向阀阀芯卡滞。
2)排除方法
(1)检测润滑泵出口溢流阀的设定压力,若压力不足,则按照样本参数,调整压力。
(2)检查 PLC 参数设置,若设置不当,则合理设置参数;或检查电磁阀连接线路,若有断接或错接情况,则及时修复。
(3)观察润滑脂清洁度,若污染严重,则更换润滑脂并清洗柱塞。
(4)查看气缸活塞密封处是否有油脂渗出,若有,则更换 O 形圈或导向套。
(5)手动推动换向阀,检查阀芯是否卡滞,若卡滞,则清洗换向阀阀芯,如有损坏,应及时更换。

5.6.2 润滑泵泵不出脂或出脂量不足

1)故障分析
(1)油箱或泵中空气未排尽。
(2)泵体与柱塞之间的 O 形圈失效。
(3)出口处单向阀失效。
2)排除方法

(1)打开油箱或泵的排气孔,若有空气排出,则排尽空气,直至少量油脂溢出。

(2)检查泵体与柱塞之间是否有油脂渗出。若有渗出,则更换O形圈。

(3)检查单向阀阀芯是否动作灵活,若卡滞,则清洗单向阀。

5.6.3 润滑系统中有气泡产生或泄漏现象

1)故障分析

(1)润滑油箱内润滑脂量不足。

(2)润滑油箱或泵中混有气泡。

(3)系统中有连接处未旋紧。

(4)系统中连接处漏装卡套或卡套失效。

2)排除方法

(1)观察润滑油箱内润滑脂量,若不足,则添加润滑脂。

(2)检查泵体与柱塞之间是否有油脂渗出。若有渗出,则更换O形圈。

(3)逐一检查润滑系统各连接处紧固情况,若有未旋紧处,则重新旋紧。

(4)检查系统连接处是否有漏装卡套或卡套失效,若有漏装或失效处,则安装或更换卡套。

5.7 清洗系统

5.7.1 水泵不出水

1)故障分析

(1)新泵不出水。

(2)水箱蓄水少。

(3)水管内过量的杂物,导致堵塞。

(4)进水过滤器堵塞。

(5)进出水阀有杂物或损坏。

(6)水泵内部柱塞断裂。

(7)水泵不转,输出轴断裂或马达没有转动。

(8)吸水管接头松脱或卡箍未旋紧。

2)排除方法

(1)检查水泵是否为新泵,若为新泵,则开机,向进水管灌水,排尽空气。

(2)观察水箱蓄水量,若水量不足,则加水。

(3)逐段拆除管路,检查管路是否堵塞。若堵塞,则清洗管道。

(4)拆出进水过滤器滤芯,则清洗或更换进水过滤器(滤芯)。

(5)拆下进出水阀,检查进出水阀是否损坏或卡滞,若损坏或卡滞,则更换进出水阀或清除杂物。

(6)拆解水泵,若发现内部柱塞断裂,则更换水泵。

(7)观察马达是否转动,若未旋转,则更换电机;或观察马达输出轴是否断裂,若断裂,则更换马达。

(8)检查吸水管或卡箍的紧固情况,若有未旋紧处,则旋紧吸水管接头或卡箍。

5.7.2　水泵压力上不去

1)故障分析

(1)溢流阀的阀芯及其阀座之间有异物。

(2)进出水阀损坏,造成泵内泄漏。

2)排除方法

(1)手动推动溢流阀阀芯,检查阀芯是否卡滞,若卡滞,则拆开溢流阀,清除异物,必要时更换阀座。

(2)拆开并检查进出水阀,若损坏,则更换进出水阀。

5.7.3　水泵压力不稳定

1)故障分析

泵内V形密封圈损坏。

2)排除方法

拆开水泵,检查V形密封圈,若损坏,则更换密封圈。

5.7.4　曲轴箱发热

1)故障分析

(1)曲轴箱内进水。

(2)曲轴箱内铝屑太多。

(3)机油太少引起连杆咬轴。

2)排除方法

(1)拆开曲轴箱,检查油封,若损坏,则更换油封,更换机油。

(2)拆开曲轴箱,观察相对铝屑量,若过大,则清洗曲轴箱。

(3)检查机油液体,若液位过低,则加机油至油标1/2处。

5.7.5　振动异常

1)故障分析

泵内进气。

2)排除方法

首先检查吸水口是否位于水面以下,若露出水面,则加以调整;若位于水面以下,则查看密封圈是否损坏,若损坏,则更换。

5.7.6　漏水漏油

1)故障分析

水封或油封损坏。

2）排除方法

检查水封或油封,若损坏,则更换水封或油封。

5.8 添加剂系统

5.8.1 计量泵突然停机

1）故障分析

(1) 添加剂在管路内固化,造成堵塞。

(2) 现场电压波动太大,变频器自动停机保护,变频器警报指示000。

(3) 单向阀或雾化器芯小孔堵塞,喷嘴混合环处堵塞或电机烧坏,导致控制计量泵电机的热继电器跳闸。

2）排除方法

(1) 逐段拆解管路,用加压清水冲洗,确保管路无堵塞。

(2) 观察变频器警报指示,若显示"000",则排除电压波动问题后,关闭变频器前端断路器,重启变频。

(3) 观察控制计量泵电机的热继电器,若跳闸,则找出堵塞处,清洗干净后再安装;拆下喷嘴清洗后再安装;更换或修理电机。

5.8.2 添加剂泵堵塞发出警告

1）故障分析

(1) 管路有杂物,或添加剂含有固体杂质。

(2) 添加剂在管路内固化,造成堵塞。

(3) 压力调节器或其他元件损坏。

2）排除方法

(1) 用加压清水冲洗管路,确认管路内有无堵塞;观察添加剂是否含有固体杂质,若有,则换用无杂质、无沉淀物的合规添加剂。

(2) 逐段拆解管路,用加压清水冲洗,确保管路无堵塞。

(3) 检查压力调节器或其他元件,必要时更换损坏的元件。

5.9 压缩空气系统

5.9.1 空压机无法启动

1）故障分析

(1) 保险丝熔断。

(2) 启动电气设备故障,如启动按钮接触不良等。

(3) 电压过低。

(4)空压机电源缺相。
(5)风扇电机过载。
2)排除方法
(1)查看保险丝是否熔断,若熔断,则更换保险丝。
(2)检查启动电路,必要时更换元件。
(3)检查电源电压,若电压过低,则及时与现场相关人员沟通解决。
(4)检测任意两相线路间电压是否均为380V,若不为380V,则缺相,须重新接线或修复线路。
(5)观察风扇电机运转是否正常,必要时更换。

5.9.2 空压机运行电流高,自动停机

1)故障分析
(1)电压太低。
(2)排气压力过高。
(3)油气分离芯堵塞。
(4)主机故障。
(5)电路故障。
2)排除方法
(1)检查电源电压,若电压过低,则及时与现场相关人员沟通解决。
(2)检查排气压力参数设置,若不合理,则及时调整压力参数。
(3)拆下油气分离芯并检查,若堵塞,则更换油气分离芯。
(4)联系厂家解决。
(5)电气设备维修人员进行线路排查。

5.9.3 空压机排气温度过高,自动停机

1)故障分析
(1)冷却油量不足。
(2)机油过滤器堵塞。
(3)温度传感器故障。
(4)温控阀失效。
(5)风扇或冷却器积灰尘过多。
(6)风扇电机未运转。
2)排除方法
(1)观察空压机冷却油油位,若油位过低,则添加冷却油。
(2)检查拆下机油过滤器滤芯并检查,若堵塞,则更换油过滤器。
(3)检测温度传感器是否损坏,若损坏,则及时更换。
(4)拆下并检查温控阀,若损坏,则更换。
(5)拆下风扇或冷却器,若积尘过多,则应清洗、吹净。

(6)排查风扇电路及电动机是否故障,必要时,更换电气元件。

5.9.4 空压机排气量低于正常要求

1)故障分析

(1)空气滤清器堵塞。

(2)油气分离器堵塞。

(3)电磁阀漏气。

(4)气路元件漏气。

(5)进气阀不能完全打开。

2)排除方法

(1)拆下空气滤清器,查看滤芯是否堵塞,必要时,清除杂质或更换新件。

(2)拆下油气分离器,查看分离芯是否堵塞,必要时,更换油气分离芯。

(3)拆下电磁阀,试验检测电磁阀是否泄漏,必要时,更换电磁阀。

(4)逐个排查气路元件是否漏气,必要时更换损坏的气路元件。

(5)手动推动进气阀,检查阀芯是否卡滞,若卡滞,则清洗或更换进气阀。

5.9.5 空压机频繁自动停止

1)故障分析

(1)空压机电路是一个单独的电路系统,由于空压机的电路保护系统比较敏感,所以空压机的启动电压比一般设备的启动电压的要求更高,即当空压机与同功率的设备用同一电路时,同功率的设备能正常启动和作业。但是,空压机却由于系统自动保护比较敏感而无法启动,或启动后也无法正常作业。

(2)由于空压机自动保护系统中有高温保护、低油位保护装置,所以当空压机出现高温和低油位时,空压机会自动停止运行。

2)排除方法

(1)当空压机无法启动时,首先观察空压机启动时,设备上电压表上的压降值是多少。当空压机启动时,电压过低,基本上空压机是无法启动的。

(2)如果空压机运行一段时间突然停止,且再次启动也是同样的情况,那么就要看空压机上的显示屏上是否有报警提示,如"低油位报警""高温报警"等报警提示。若有,排除相应故障即可。

5.9.6 无法控制空压机启停

1)故障分析

(1)空压机控制电路故障。

(2)控制继电器损坏。

2)排除方法

(1)电气维修人员进行线路排查。

(2)检测控制继电器,若损坏,则更换。

第6章　混凝土湿喷台车的技术保养

6.1　技术保养内容与周期

适时正确的维护是保证设备高效、稳定运行的关键。以下为各设备部件的检查周期。

(1)使用5年以内的混凝土湿喷台车:每年检查1次。

检查必须每年进行1次,如果从上次检查时间起算,机组工作时间达到500h或泵送混凝土达到指定量,即使不到一年时间,也应进行检查。

(2)使用5~10年的混凝土湿喷台车:每6个月检查1次。

检查必须每6个月进行1次,如果从上次检查时间起算,机组工作时间达到250h或泵送混凝土量达到指定量时,即使不到6个月时间,也应进行检查。

(3)使用10年后的混凝土湿喷台车:每季度检查1次。

检查必须每季度进行1次,如果从上次检查时间起算,机组工作时间达到125h或泵送混凝土量达到5000m^3时,即使不到一个季度,也应进行检查。

开机时间与设备工作时间为定期检查的时间依据。电控系统记录了设备的运转时间,故应置于正常的工作状态,不得更改和消除记录。操作人员应负责开机检查,应在记录本上记录检查结果并签字确认。记录本应随机保存,以备查核。

6.1.1　日常维护

混凝土湿喷台车日常维护内容如下:
(1)仔细检查液压管路有无泄漏,如有泄漏现象,找到泄漏处并将其修复。
(2)如果怀疑或发现有泄漏现象,应经常检查液压油箱液面高度。
(3)定期对转动、铰接部位进行加油润滑,以提高使用寿命。
(4)定期检查各部位有无变形、裂纹。
(5)定期检查各电器元件有无挤压、松动、脱落等不良情况,如有,应及时将其修复。
(6)工作时发现速凝剂堵塞时,检查速凝剂管路单向阀能否回位及喷嘴混流器内喷嘴是否堵塞,如有,则应及时清洗管路。
(7)每次喷射作业结束后,彻底将臂架系统的喷头、伸缩臂和湿喷台车上的混凝土及尘土清洗干净(包括内部和外表)。
(8)定期清理料斗内混凝土,检查泵送水箱内是否有混凝土。若有,则立即更换泵送活塞。
(9)每次喷射作业结束后,应检查各连接及紧固件是否松动,特别要注意料斗振动部位螺栓。如有松动,应及时拧紧。

每 1~2 个班次,需进行上述检查、维护。

6.1.2 使用注意事项

混凝土湿喷台车使用注意事项有:

(1)作业完成后,及时清理驾驶室仪表台、电线、插头上附着的混凝土,方便下次转场时观察发动机冷却液温度、蓄电池电量等关键参数。

(2)保证底盘充足的起动电源,电压表指示数值应保持在 24V 以上。如缺电,则应加大油门及时充电,充满电需用时 30min 左右。

(3)不允许在发动机运转时关闭电源总开关,否则会损坏整机电气系统;整机停止工作后,请关闭电源总开关。

(4)寒冷地区(环境温度低于 -10℃)使用注意事项:

①机组转场前,发动机要彻底进行预热工作 20min 左右。

②工作前,机组提前开机预运行,以对液压油加温。

③如果蓄电池的电解液已结冰,当进行充电或用别的电源启动发动机时,在起动前,要把蓄电池的电解液融化,并检查是否有泄漏。

④作业完成后,把粘在电线、电线插头、挡位杆、驾驶室内构件上的水、混凝土清除干净,防止下次使用时出现机器操作失灵。

⑤根据环境温度,发动机水箱应加注合适比例的冷却液,防止发动机损坏。

6.1.3 保养周期须知

为确保混凝土湿喷台车组长时间的稳定运行,要求各相关人员应按照技术要求进行机组的维护保养。国内主要湿喷台车厂家随机说明书中,都对相应机型机组需要保养维护的位置、介质类型、周期做了明确的要求。湿喷机组投入使用后,应当按照说明书中的有关要求,定期对设备进行保养。

6.2 上装部分的保养

6.2.1 泵送单元

(1)在开始泵送前,确认泵送水箱中是否有水。

(2)每天更换水;若水脏,则及时更换。

(3)一旦水箱中有液压油,则泵送油缸的密封必须更换。

(4)检查混凝土缸表面有无锈迹(镀铬层有无损坏)。

(5)一旦水箱里出现混凝土浆,则混凝土活塞必须更换。

(6)检查眼镜板和切割环,如果有较多划痕、过度磨损、偏磨等现象,则需更换。

6.2.2 臂架转台系统

(1)回转支承紧固螺栓承受巨大的荷载,因此每工作一段时间后原来的预紧力会下降。

必须由指定人员定期采用设定好转矩的扭力扳手检查螺栓的预紧力矩。

（2）每 200h 打开齿轮罩检查润滑油量。换油时，拆下齿轮罩将齿轮清洗干净，并抹上新的润滑油。

6.2.3　结构件

（1）对臂架、转台、下转台、底架、支腿、支撑架、减速齿轮和滚筒的结构状态进行检查。

（2）对紧固铰接和支撑进行检查（设备与底盘之间、泵送单元水箱、减速齿轮、混凝土搅拌装置、混凝土管支撑、添加剂管支撑）。

（3）对零部件相对运动过度磨损产生的间隙进行检查（主要是切割环和眼镜板所附零部件）。

6.2.4　混凝土管

（1）管道管径的正确选择，监控壁厚及磨损状态，正确的接头形式和安全锁的闭合，对于泵送时降低风险都很重要。必须进行周期性检查，推荐每泵送 1000m^3 混凝土检查 1 次。

（2）经常检查管道的磨损状态，当厚度小于安全厚度时更换。通过榔头敲打管道，可以根据声音来评估壁厚。

（3）为了使管道均匀磨损、延长使用寿命，管道应定期转动。

（4）不得改变由生产商安装的管道的原始直径。

6.2.5　水路系统

（1）寒冷天气时，设备工作完成后所有的水必须排放干净，以避免水泵或者系统中其他零部件由于冰冻而破损。

（2）可以通过球阀排尽水。

（3）定期清洁水箱以除锈，除锈次数可由水含杂质浓度来决定。

（4）注意在使用含沙的污水时，管道有可能堵塞。

（5）检查水箱厚度，确保无磨损（每 6 个月检查 1 次）。

（6）冬天停机期间，必须将整个系统的水释放，并且确保水泵没有水残留。如果需要在 0℃ 以下运转，则需通过特别方法（如加防冻剂），来预防水表、泵等的冻坏。

6.3　底盘部分的保养

（1）应定期更换发动机机油、燃油滤芯。

（2）整机上的黄油嘴，尤其是臂架销轴、摆臂，应每个星期加注 1 次黄油。

（3）注意轮胎的状况，如不符合使用要求，应立即更换。

6.4　液压系统的保养

液压系统比较复杂，须由专业技术人员进行液压系统的检修。如果发现问题，检查原因,并在进行所有操作之前修复整个液压系统。

(1)查找泄漏原因并排除。

(2)检查安全阀、液压硬管和软管、接头、液压缸是否磨损或泄漏(管路磨破突然爆裂会导致严重危险)。

(3)立即更换任何磨损严重的管道。

(4)在液压系统工作前,确保系统回路中没有压力,并检查蓄能器已经释放压力。

(5)由于工作中的液压油能达到很高的温度,在打开接头前必须穿戴防护服,防止烫伤。

(6)用油箱的液位计来检查油箱中的油量,如需加油,则应加满。换油时,将系统中的旧油放尽。

6.5 整机外观的保养

(1)机器上的标签或者铭牌不得剔除;如有损坏,应立刻更换。

(2)为了阻止水泥和混凝土附着于设备上,并方便清洗,建议在设备上撒一层石蜡、机油或其他产品。

(3)作业后,要把堆积、残留在臂架、喷头和车身的混凝土清理干净,并将"三臂"的收缩臂内的混凝土清理干净,臂架黄油嘴打上足够的黄油。

(4)工作期间,留意所有设备的移动,避免设备被击中或者撞上其他物品。

(5)如果使用高压水清洗机清洗机器,不可集中作用于涂漆表面上的某一点,而是要进行大面积清洗。建议在喷头的尖端使用橡胶块,可以避免涂漆表面与金属物碰撞引起的设备损坏。水温不能超过 60~70℃。

第 7 章　湿喷混凝土作业及现场管理

7.1　湿喷混凝土作业

7.1.1　作业准备

1）内业准备

对作业人员进行技术培训和安全教育,考核合格后上岗。收集开挖断面尺寸,围岩级别,混凝土喷射量、强度等级、厚度等技术数据。

2）外业技术准备

由作业队长确认人员、设备、材料、机具,以满足作业环境和施工需求。检查机具设备和风、水、电管(线)路等,并试运转。湿喷台车应具有良好的密封性能,输料连续、均匀,附属机具的技术条件应能满足喷射作业需要。

7.1.2　技术要求

喷射混凝土施工配合比由试验室测定原材料含水率后提供,须满足喷射施工工艺的要求。

7.1.3　施工程序与工艺流程

1）施工程序

施工程序为:施工准备→湿喷台车就位→湿喷台车调试→初喷混凝土→复喷混凝土→完成。

2）工艺流程

喷射混凝土施工工艺流程如图 7-1 所示。

7.1.4　施工要求

1）施工准备

(1)清理受喷岩面的浮尘、岩屑。

(2)每 1~2m 埋设一根钢筋头,作为控制喷射混凝土厚度的标志。

(3)检查机具设备和风、水、电等管(线)路,湿喷台车就位,并试运转。

(4)保证作业区内具有良好的通风和照明条件。

(5)紧前工序验收合格。

2）施工工艺

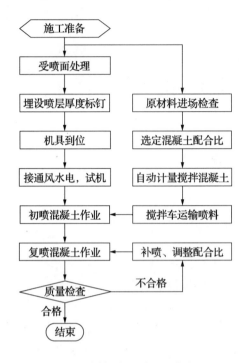

图 7-1 喷射混凝土施工工艺流程

湿喷混凝土采取全自动计量强制式搅拌机搅拌,混凝土罐车运输;施工配料严格按施工配合比进行操作;喷射采用湿喷台车,到达现场后快速调整到位并试机;混凝土运输到现场,直接进行喷射作业,速凝剂在湿喷台车出料口添加。

(1)喷射混凝土作业分段、分片、分层进行,先将低洼处大致喷平,再自下而上分层、往复喷射。台阶法施工时按照"仰拱→边墙→拱部"的顺序进行喷射,仰拱及下台阶喷射完成后进行仰拱回填,然后湿喷台车前移,喷射上台阶。下台阶喷射混凝土从拱脚开始向上喷射,先喷钢架与壁面之间混凝土,再喷两钢架之间的混凝土。

(2)喷射速度要适当。在开机后先观察风压,起始风压达到 0.4MPa 后开始喷射,并根据喷嘴出料情况调整风压,保证喷射混凝土密实。

(3)喷射时喷嘴与受喷面间保持适当距离,喷射角度尽可能接近 90°。喷嘴与受喷面间距控制在 0.8~1.2m;喷嘴连续、缓慢移动;若受喷面被钢架、钢筋网覆盖时,可将喷嘴稍加偏斜。

(4)喷射结束前,检查混凝土表面平整度,并根据预埋控制厚度的钢筋头来检查喷射厚度。对检查出喷射空洞、拱架外漏、喷射不密实等情况,应当班处理。湿喷台车施工示意图如图 7-2 所示。

7.1.5 劳动组织

(1)劳动力组织方式:作业队组织模式。
(2)施工人员应结合施工组织、机械、人员组合、工期要求进行合理配置,见表 7-1。

图 7-2　湿喷台车施工示意图

施工人员配置表（单工作面每循环）　　　　　　　　　　表 7-1

序　号	工种或职务	人　数
1	作业班长	1
2	专兼职安全员	1
3	技术、质检、试验人员	3
4	混凝土运输罐车司机	2
5	电工	1
6	湿喷台车操作人员	1
7	喷混凝土配合人员	2

7.1.6　材料要求

对运至现场混凝土进行性能检测（坍落度控制在 140~180mm），核对拌和站发料单，保证混凝土强度等级与设计相符，保证混凝土性能满足湿喷台车的施工需求。

7.1.7　设备机具配置

设备机具应结合隧道开挖方法、工期要求进行合理配置（表 7-2），配套的生产能力为均衡施工能力的 1.2~1.5 倍。

主要机械设备配置表（单工作面）　　　　　　　　　　表 7-2

序　号	机械设备名称	容积或生产能力	数量（台/套）
1	混凝土运输罐车	$10m^3$	2
2	湿喷台车	$20m^3/h$	1
3	集中拌和站	$90m^3/h$	1

7.1.8　质量控制及检验

1）质量控制

(1) 喷射混凝土原材料经检验合格后才能使用；添加剂应妥善保管，防止变质。严格控制拌合物的水灰比,经常检查添加剂注入环的工作状况。喷射混凝土的坍落度宜控制在14～18cm。

(2)喷射混凝土的拌合物的停放时间不得大于30min。

(3)必须在隧道开挖后及时进行湿喷作业,喷射混凝土严禁选用碱活性骨料。

(4)喷射前,应仔细检查喷射面,如有松动土块应及时处理;喷射中,当有脱落的土块或混凝土被钢筋网架住时,应及时清除后再喷射。湿喷台车应布置在安全地带,并尽量靠近喷射工作面,便于湿喷台车操作员随时调整风压。

(5)喷射完成后,应检查喷射混凝土与土质表面的黏结情况,可用铁锤敲击检查。同时,测量其平整度和断面尺寸,并将此断面与开挖断面进行对比,确认喷射混凝土厚度是否满足设计和规范要求。当有空鼓、脱壳时,应及时凿除,冲洗干净进行重喷,或采用压浆法填充。

(6)在喷射侧壁下部时,需将上半断面喷射时的回弹物清理干净,防止将回弹物卷入下部喷层中形成"蜂窝"而降低支护强度。

(7)经常检查湿喷台车出料弯头、输料管和管路接头,发现问题应及时处理。管路堵塞时,必须先关闭主机,然后才能进行处理。

(8)喷射完成后应先关机,再依次关闭计量泵、振动装置和风阀,然后用清水将机内、输送管路内的残留物清除干净。

(9)冬期施工时,洞口喷射混凝土应有防冻保暖措施;作业区的气温和混合料进入湿喷台车的温度均不应低于+5℃;在结冰的层面上不得进行喷射混凝土作业。

2)质量检验

喷射混凝土质量检验标准见表7-3。

喷射混凝土质量要求　　　　表7-3

序号	项目名称	质量检验标准	检验方法
1	喷射混凝土厚度	检查点数60%及以上,应大于设计厚度	埋钉法、凿孔法或无损检测
2	喷射混凝土养护	终凝2h后,及时采取有效措施,进行养护,养护时间不得少于14d	观察
3	喷射混凝土冬期施工	作业区的气温和混合料进入湿喷台车的温度均不应低于+5℃	测温
4	喷射混凝土实体质量	应与围岩、钢架、钢筋网结合紧密,背后无空洞、无杂物	凿空、雷达监测
5	喷射混凝土外观	表面应密实、平整,无裂缝、脱落、漏喷、漏筋、空鼓,锚杆无外露	观察、敲击
6	喷射混凝土方式、工艺	喷射方式符合设计要求,应分段施工	观察

7.1.9 安全及环保要求

1)安全要求

(1)所有进洞人员必须正确佩戴防护用品,湿喷台车操作人员必须经专业培训合格。

(2)湿喷台车开机前要对机械的状态进行检查,禁止湿喷台车带病作业。

(3)严格按照操作规程操作湿喷台车,喷射过程中有专人指挥,移动湿喷台车时,必须首先关闭湿喷台车,喷嘴前方严禁站人。

(4)喷射混凝土施工时,洞内照明充足、通风良好。

(5)当发现洞内出现突变或异常情况时,作业人员应立即撤离现场。

2)环保要求

(1)全面控制施工污染,减少污水、粉尘及噪声污染。

(2)施工完成后,做到"工完、料尽、场地清"。

(3)混凝土运输车、湿喷台车清洗的废水必须在指定位置排放,施工排水经三级沉淀后排放,严禁随意排放。

7.2 操作人员管理

1)上岗条件

机械操作人员,必须经过培训,经考试合格后,方可上岗。上岗前必须佩戴好安全帽、防尘口罩等劳动防护用品,做好个人防护。

2)岗位工作职责

(1)做好各个工种间的配合和协作工作,充分挖掘设备潜力,完成当班安全生产任务。

(2)认真学习业务技术知识,熟知湿喷台车的结构、性能和工作原理,做到会使用、会维护、会保养、会处理一般性故障。

(3)认真执行"操作规程"和"作业规程",对本岗位的安全工作负责。

(4)湿喷台车操作人员是班中设备检查维护的直接责任人,要对设备精心维护和保养,协助检修维护人员做好设备的检修维护工作,检修后负责对机器进行试运转,并对设备的主要性能进行验收,确保湿喷台车处于完好的工作状态。

(5)湿喷台车操作人员负责搞好设备卫生和环境卫生。

(6)根据实际情况,提出合理化建议,协助班长组织落实。

3)岗位权限

(1)根据设备的情况,有报请设备的维护与保养的权限。

(2)根据设备的情况,有报请报废设备的权限。

(3)出现安全隐患时,有停止生产的权利。

4)岗位培训

(1)施工单位定期组织操作人员参加安全培训,了解本岗位安全注意事项,强化安全意识。

(2)湿喷操作员参加标准操作培训,了解本岗位的基本任务和职责,了解本岗位操作程序及步骤。

(3)施工单位组织湿喷操作员到厂家参加湿喷台车理论培训和操作培训。

(4)施工单位组织湿喷操作员参加现场实操培训,提高操作技巧和操作效率。

7.3 设备管理

1）设备的使用规定

(1) 实行一人一机制,每台湿喷台车对应专人负责,主要负责湿喷台车的使用和维护工作。

(2) 机械设备建档管理,为每台湿喷台车建立设备档案,做到一机一档,由机械室负责建立和保管。

(3) 各工班和操作人员每天填写设备运转记录表,记录湿喷台车的使用、保养、修理情况。

(4) 妥善保管设备的随机资料、合格证等技术资料。

(5) 做好交接班记录,上岗前对设备主要部位做例行检查。

2）设备的维修保养

(1) 项目部必须制订设备的维修保养计划,并按计划严格执行,设备管理部门制订设备的大、中修计划和措施方法。

(2) 操作人员需做好设备日常的清洁、润滑、调整、紧固和防腐工作,按时对设备进行保养,严禁设备超负荷使用、带病运转,按计划进行维修保养,并做好维修保养记录。

(3) 保证施工现场设备的保养质量,切实防止无保、漏保,严格执行保养规程和保养工艺,严禁不合格设备投入使用。

(4) 任何需要更换的部件必须符合要求的等级。更换特殊安全等级要求的部件,不仅需要特征相同,并且必须被核准。

(5) 不得去除机器上的标签和铭牌,如图 7-3 所示,当它们损坏时,请及时更换。

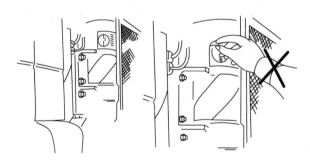

图 7-3　不得去除机器上的标签和铭牌

3）设备的检查

施工现场必须制定混凝土湿喷台车的检查制度,将定期检查与日常检查相结合。检查的主要内容包括:维修保养情况、机况和安全生产情况。在每次开机前,确保工作条件符合相关要求,如果发现或怀疑有危险状况,应延缓开机,直到所有关于设备状况处于安全状态。

检查机器或系统在外观上有无损坏或缺陷,每次换岗后至少检查 1 次。如果有任何变化(包括与此相关的运行动作)须立即通知相关负责人。如果必要,须立即停机以确保安全。

在每次使用湿喷台车前,必须检查并确保机器无明显缺陷,必须确保所有控制与安全装

第 7 章　湿喷混凝土作业及现场管理

置,特别是紧急停止系统功能完好。

4) 设备运行安全管理

虽然设备是按照安全规范制造的,但在运行期间机械本身完整性仍然可能被破坏,甚至会造成人身伤害。因此,机器运行期间要时刻注意以下安全事项:

(1) 清洗车身过程中,请勿直接用高压水枪冲洗电缆卷筒、电控柜、臂架灯,以免造成漏电或损害电气元器件。

(2) 行驶前,检查车身罩门及驾驶室门,使之处于关闭状态,以免行驶过程中发生碰撞。

(3) 前后驾驶室的转换需通过后驾驶室的转换旋钮来实现,勿频繁切换主副驾驶室。

(4) 二位换挡使用时,必须停车进行,否则将会损坏变速箱。

(5) 一般速凝剂为强碱性化学剂,对人体特别是眼睛伤害极大,因此在添加或倾倒添加剂时,要防止其溅到手、眼睛等处。

(6) 在伸展支腿支撑机组时,支腿伸展涉及的区间和支承位置是危险区域,如图 7-4 所示。处在该危险区域内的物件和人员会受到挤压的威胁。应清理并封闭该区域,并在操作支腿时保持对该区域的监视。若有任何人员靠近该区域,则应立即按下应急停机按钮,停止作业。支承支腿的操作应小心缓慢,过于迅猛伸出支腿,或液压油路内气体没有排净导致支腿伸出时慢时快,都可能伤及作业人员。

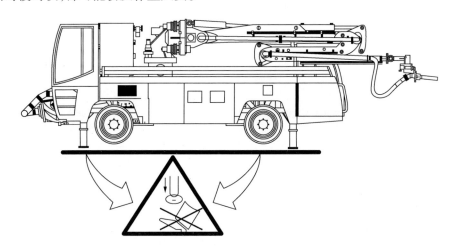

图 7-4　混凝土湿喷台车的危险区域

(7) 喷射系统在作业时,管路内部处于高压状态。管路有内压情况下,排堵、保养、处理故障和维修等可能涉及管路连接和改变密封状态的作业都是危险的,因为管路内压的突然释放可能伤及人员。严禁在管路未排空压力时触动连接和改变密封状态,排堵、保养、处理故障和维修作业前,必须排空管路内压。

(8) 应保证每一个安全设备都功能正常,并且手柄位置正确。

(9) 穿戴个人防护器具:头盔、护目镜、手套、耳塞、安全鞋。有证据表明,湿式湿喷台车的粉尘虽然较干喷设备少,但是因为混凝土中存在添加剂,对人体皮肤和呼吸系统存在潜在的伤害,所以基于员工健康安全考虑,防护用具必不可少。

(10) 不允许在发动机运转时关闭电源总开关,否则会损坏整机电气系统,整机停止工作后,关闭电源总开关。

(11)不得将混凝土湿喷台车的机械臂作负重使用,因为所有的喷射臂架都不是作为负重臂设计的,这样做往往会导致事故的发生。

(12)禁止任何未经授权的人停留在机器的危险区域。处于危险区域的人必须被告知提醒,如果经提醒仍然不离开危险区域,系统不得开启。操作员必须能够直观地在任何时候监控危险区域,必要情况下,可以派一个助手监控危险地带。当机械臂工作时,危险区域是机械臂旋转区域,只有工作人员可以停留在机械臂工作范围内,但是不可以处在机械臂正下方。安全与危险区域如图7-5所示。

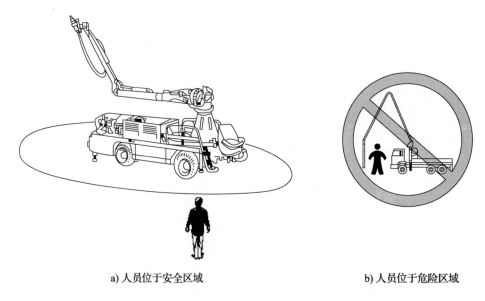

a) 人员位于安全区域　　　　　　　　b) 人员位于危险区域

图7-5　安全与危险区域

(13)应急停止按钮应保证在触手可及的位置,如果遇到危险,通过应急停止按钮停止所有设备的运行,如图7-6所示。

(14)当有高压电线时,操作需更加谨慎。靠近高压线就会有危险,直接与高压线接触就更危险了,因为在机器上和机器周围存在机器放电产生的火花,因此应远离高压电线(图7-7)。

(15)设备在运转过程中:

①禁止在料斗筛框和料斗保护装置之间插入物件。

②禁止打开润滑水箱盖,并且不得扔入任何物件。

③禁止将手或其他物件伸入S-管阀的出口。设备运转危险如图7-8所示。

(16)在恶劣环境下行驶时应注意:

①在恶劣环境下作业和行驶时,应注意安全,不得在危险的地点单独工作。对行走路面的状况、桥梁的强度、作业现场的地形、地质的状态,应当事前进行调查。

②如果在潮湿地点或松软的地点行走时,应当注意车轮陷落或制动效果。

③在水中或沼泽区作业时,不得让驱动桥底部着水。

④堆放在地面上的泥土和沟渠附近的泥土是松软的,在机器的重量或机器的振动下可

第 7 章　湿喷混凝土作业及现场管理　103

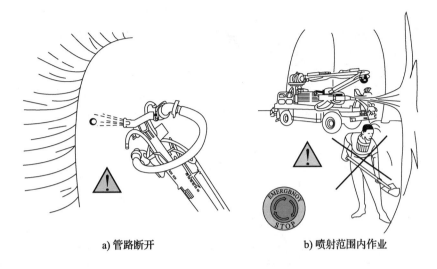

a) 管路断开　　　　　　b) 喷射范围内作业

图 7-6　应急停止按钮

图 7-7　远离高压电线

能崩塌,致使机器倾倒。

⑤避免车辆靠近悬挂物或深的沟壑,因为机器的重量或振动会使这些地方塌陷,造成机器倾翻,人员伤亡。

⑥当工作地点有落石或机器有倾翻的危险时,应使用保护装置。

⑦连续在雨天作业时,由于作业环境相比刚下雨时发生变化,应谨慎作业。在地震和爆破之后的场地上有堆积物,作业时要特别小心。

⑧在雪地工作时,装载工作会因雪量而发生很大的变化,所以应减小装载量,并避免机

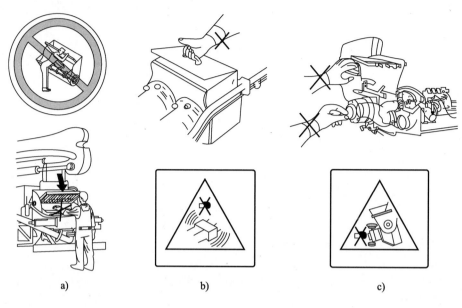

图 7-8　设备运转危险

器打滑。

（17）在坡道上行驶时应注意：

①在坡地上行走可能会导致机器的倾倒或滑到一边，应特别小心。

②在坡道上横行或变换方向，有车辆翻倒的危险，不可进行这种危险操作。

③避免在斜坡上转向。只有当车辆到达平坦地面时，方可转向。在山头、岸堤或斜坡上作业时，应降低速度和采用小角度转向。

④如有可能，宁可上下坡，也不走小巷或人行道。

⑤下坡前，应先选择合适的挡位，切勿在下坡过程中换挡。

⑥在坡道上行走时，由于车辆的重心移动到前轮或后轮，须慎重操纵，绝不可用紧急制动。

⑦在山坡、堤坝或斜坡上行驶时，应将举升平台降至最低位置，湿喷台车支架降至大约离地面 20～30cm，降低整机重心，防止翻倒。

⑧如果满载到坡道时，采用 I 挡行驶；上坡要前进行走，下坡要后退行走；不可转弯。

⑨下坡时，若实施制动，应踩下制动踏板，不要操作变速操作杆或把变速箱置于空挡。不使用发动机的制动力是危险的。如果速度超过一挡速度时，应当踩制动踏板降低速度。开始下坡时，要将变速杆置于第一挡。

⑩当下坡行走时，要使用发动机的制动力，低速行走。如果必要，在使用发动机的制动力的同时，也要使用制动踏板，以控制行走速度。

⑪当机器在坡上行走时，如果发动机熄火，则应立即把制动踏板完全踏下以施加制动，把湿喷台车支架降到地面上，然后施加停车制动，以固定住机器的位置。

⑫如果在斜坡上（坡度应小于 15°）发动机熄火，请立即踩下制动踏板，然后将湿喷台车支架放在地面上并使用停车制动器。把方向和变速操作杆放在中位，重新起动发动机。

⑬不应在草地上、落叶上或湿钢板上高速行驶,因为如果这样操作,即使很小的坡度也会使机器滑到一边,因此必须低速行走。机器在坡上行走时,应直上直下。

(18)寒冷地区(环境温度低于-10℃)的注意事项:

①在寒冷气候有霜冻危险时,应排尽系统内的剩水。

②机组转场前,发动机要进行预热工作20min左右。

③工作前,机组应提前开机预运行,以对液压油加温。

④如果蓄电池的电解液已结冰,需进行充电或用别的电源启动发动机时,在起动前要将蓄电池的电解液融化,并检查是否有泄漏。

⑤作业完成后,应把黏在电线、电线插头、挡位杆、驾驶室内构件上的水、混凝土清除干净,防止下次使用时出现机器操作失灵。

⑥根据环境温度,发动机水箱应加注合适比例的冷却液,以防发动机损坏。

5)现场混凝土湿喷台车的使用要求

(1)进洞作业前必须确保混凝土湿喷台车处于完好状态,制动有效、方向灵活、灯光齐全。车辆行驶中严禁超车,在洞口、平交洞口及施工狭窄地段必须设置限速标志,必要时要设专人指挥交通。

(2)隧道内施工设备要靠边停放,远离爆破地点;停放点处岩石完整性好、无渗水;支护或衬砌作业地段停放设备处要灯光明亮;停放点前后要架设红色警示灯,显示限界(或停放在洞口外)。

7.4 安全要求及应急处理

7.4.1 湿喷作业安全要求

(1)必须佩戴好相关安全防护用具。

(2)喷射混凝土的工作面,有足够的照明设备。

(3)工作之前,检查安全装置,发动机油位,轮胎状况和气压(应根据输送距离确定,如发现工作压力骤升、喷头出料中断,则应立即停机;排除故障时,不准把喷嘴对人);电气系统、后视镜及所有可运动组件在设备动作前必须固定(喷射混凝土的机械设备,应安设在基础牢固、岩石稳定或已有支护的安全地点)。喷射边墙和顶拱使用的台架,要严实坚固,设有围栏和防护网,不得有悬空探头板。对整机表面喷涂一层保护层,工作后把保护层及时清理干净。

(4)启动后,检查发动机油压、制动系统压力、发动机温度及所有指示灯的工作情况,并检查有无油气泄漏。

(5)湿喷台车的喂料筛网,不得任意打开,更不允许将手或棍棒伸入喂料口内。

(6)喷射时,喷嘴应尽量保持与喷砌面垂直,距离为0.8~1.2m,不得太远或太近,最理想的喷射距离是距离喷砌表面1m。

(7)喷射料以50~70m/s高速喷出,喷射区内严禁有人。

(8)喷射间隙,应关闭高压风,且使喷嘴向下指向地面,以免混凝土浆堵塞速凝剂管路。

（9）工作完毕，先停止供料，用高压风吹净喷射管、速凝剂管路，待机器中余料喷完后，依次停风停水，机件拆除清理干净。若两次喷射间隔时间超过30min，则应用水洗净喷射管和速凝剂管路。

（10）本次湿喷作业后，应对设备进行日常维护，确保下次使用时机器处于完好状态。

7.4.2　应急处理

（1）如输料软管发生堵塞时，可用木棍轻轻敲打外壁，如敲打无效，可将软管拆卸，用压缩空气吹通。

（2）作业中，如发生风、水、输料管路堵塞或爆裂时，必须依次停止风、水、料的输送。喷头应由专人看护，以防消除堵塞后喷头摆动喷射伤人。当移动喷射地点时，必须首先关闭湿喷台车，喷嘴前方不得站人。

（3）当混合器发生堵塞时，不准用榔头敲打混合器，更不允许用风钻清理混合器，而应停机拆除检修。

（4）当监控量测发现支护体系变形、开裂等险情时，应采取应对措施。当险情危急时，应将人员撤出危险区。

7.5　湿喷作业组管理制度及相关人员岗位职责

7.5.1　隧道湿喷作业组操作人员基本管理制度

（1）严格遵守隧道湿喷组的各项规章管理制度。

（2）因隧道湿喷组的上班时间具有不确定性，组内所有人员必须在组长通知下，进行喷射作业或在设备维修保养时准时上班，不得无故缺勤、旷工、早退。

（3）按照有关规定做好隧道湿喷组文件材料的收集、整理、分类、归档等工作。湿喷组各种台账、资料归档要求：遵循台账、文件、资料的形成规律和特点，保持文件、台账之间的有机联系；区别不同的价值，便于保管和利用。非经组长批准，不准复印、摘抄或泄露本组的重要文件资料和台账，违者视情节严重程度，给予相应处罚。

（4）湿喷组应经常对全体员工进行安全教育；对新进场员工要认真执行"先培训，后上岗"的规定，上岗前必须进行安全培训。湿喷组全体员工都有遵守安全操作规范的义务。凡因违章造成人员、设备安全事故的，一律追究责任；情节严重构成犯罪的，移交司法部门，追究刑事责任。

（5）湿喷组驻地宿舍区、配件物品存放区要定期排查火灾隐患。易燃、易爆物品要按消防规范要求妥善存放，不得乱放、混放，严禁吸烟和使用明火。

（6）湿喷组内所有工作人员须忠于职守，遵守工作纪律。严禁酒后上岗工作，严禁打架斗殴。

（7）湿喷组当班工作人员保证接到喷射通知后第一时间到达隧道现场，准备进行喷射作业。

（8）湿喷组内所有员工必须配合组长搞好隧道湿喷文明施工和安全管理，做到以人为本,以"谁使用,谁负责"为原则,避免安全事故的发生。

(9)要与各部门充分保持沟通协调,及时反馈现场混凝土的坍落度及其他问题,及时与物资部反馈速凝剂问题,确保混凝土喷射作业顺畅进行。混凝土喷射作业开始后,湿喷组组长需在现场安排协调喷射作业。与现场施工员、实验室试验员、拌和站调度员及时保持联系,积极安排、协调,掌握现场喷射进度、混凝土质量情况,保证混凝土喷射作业的顺畅和质量。

(10)湿喷组进行混凝土喷射作业必须严格按照施工要求,喷射量的增减需听从现场施工员安排,不得为了缩短上班时间而擅自减少喷射量或拒绝增加喷射量。施工队为了自身利益,有时会提出一些施工要求外的喷射要求,对此必须拒绝,严格按照施工要求进行喷射。

(11)湿喷组需及时统计、整理每次喷射量,每月进行总结,做好混凝土喷射生产台账,保证混凝土喷射量的准确性、真实性。

(12)降低对湿喷台车设备的维护费用。降低湿喷台车的维护费用,不是意味着减少对设备的维护频率,而是要加大对湿喷台车的检查频率,要勤检查、多维护,减少故障发生的概率,降低维护的成本。

(13)建立健全湿喷台车维修保养记录、项目部技术交底档案、运行记录,及时填报各类设备管理统计报表。

7.5.2 隧道湿喷作业组工具、劳防用品及日常用品管理制度

(1)湿喷组应加强湿喷组用品用具等耗材的使用与管理,自觉爱护组内公共财物,培养节俭的良好习惯,节约使用劳防、办公用品,杜绝生产、生活、办公用品的浪费。

(2)管理劳防、生活、办公用品的人员应坚持原则,照章办事,严格控制劳防、生活、办公用品的领取数量和次数,保证生产、生活、办公需要。对于湿喷组日常消耗用品领取的原则是:维修保养任务清楚,使用目的明确,一次一领,随用随领,用多少,领多少。明显超出常规的申领,领用人应做出解释,否则拒领。

(3)领用时,领用人须在"湿喷组用品领用登记表"上写明日期、领取物品名称及规格、数量、用途等项,并签字。

(4)湿喷组物品采购入库前,须由组长进行验收,同时采购人员出示采购清单,确认物品符合规定要求后入库。在湿喷组采购台账上如实填写接收物品的名称、规格、单价和数量,做到入库有手续、发放有登记;对不符合要求的,由采购人员负责办理调换或退货手续。

(5)湿喷组物品、用品做到分类存放,码放整齐,整洁有序。

(6)加强对湿喷组内物品旧物的管理。阶段性使用和暂时闲置的物品要妥善保管,随时待用。

(7)湿喷组日常用品应为办公所用,不得据为己有,挪作私用;不得用办公设备干私活,谋私利;不准将办公用品随意丢弃废置。要精心使用办公设备,认真遵守操作规程,及时关闭电源。定期维护保养,最大限度地延长办公设备、用品的使用寿命。

(8)对于湿喷组物品、用具,应尽量协调,相互借用时要做好记录,一般不得重复购置。使用的物品、办公设备在保质期内出现质量故障,由采购人员负责协调和联系退换、维修;因使用不当,人为造成设备损坏或者丢失的,直接责任人应负赔偿责任。

7.5.3　隧道湿喷组岗位职责

1)隧道湿喷组组长岗位职责

(1)全面负责本组的生产、生活和管理工作,主持贯彻与实施上级领导下达的各项指标,制订本组管理目标,建立、健全管理体系并及时向领导提供准确信息,积极向领导提出合理化建议。严格按各项制度和程序办事,自觉接受监督。

(2)主持本组内部管理、岗位设置及职责分配方案,制定具体规章、办法,完善本组工作程序,对本组工作人员进行考核和聘任,制订奖惩措施,并汇报上级领导,批准后组织实施。

(3)负责本组安全培训和安全管理工作。

(4)负责湿喷台车组和项目部之间的协调工作。随时掌握现场喷射施工动态,及时发现和解决喷射生产中出现的问题,如有困难,应立即向上级有关部门或领导汇报。

(5)自觉维护本组利益,做好组内账目,努力提高质量管理,控制成本。

(6)组织督促有关人员对湿喷隧道所发生的资料进行收集、整理、归档、保存,并及时按要求上报报表及各种资料。

(7)工作要认真仔细,遇事要身先士卒,用实际行为指挥人,而不是用声音指挥人。

(8)关心本组员工的生活,做好员工的思想工作,调动员工积极性,安全高效完成混凝土的喷射任务。

(9)组长未按规定向分管领导报送相关分析报告的及数据弄虚作假的,将视情节,给予处罚。

(10)组长与供应商勾结损害本组利益的,视情节的严重程度,给以调换工作岗位或开除处理。

2)隧道湿喷组技术人员的岗位职责

(1)服从组长安排,完成日常喷射工作。

(2)负责监督湿喷台车组喷射任务的过程控制和技术支持。

(3)负责湿喷台车组设备管理、使用、保养和维修的技术支持。

(4)对其他组员做好导师带徒弟工作,使其能够独立、熟练完成湿喷台车的驾驶、喷射和维修保养工作。

(5)严格控制湿喷混凝土质量,达到项目部和业主的要求。

(6)严禁酒后上班,违者视情节的严重程度,给予相应处罚。

3)隧道湿喷组湿喷台车操作员岗位职责

(1)熟悉混凝土湿喷台车,加强对混凝土湿喷台车的理论和实际操作的学习,加强对湿喷台车维修保养的学习。

(2)严格按操作规程操作,完成日常混凝土喷射工作。

(3)协助组长完成湿喷台车的管、用、保养和维修工作,确保设备的正常运行。

(4)在操作过程中发现湿喷台车出现异常情况时,应及时向组长汇报,并协助处理事故,不得以任何理由拒绝抢修工作;做到发现问题及时解决,不得使湿喷台车"带病"运行。

(5)完成喷射后的湿喷台车清洗、清洁工作。

(6)协助组长完成内业资料和台账的整理、填写。

(7)及时掌握添加剂储备情况,发现剩余量不足时,应及时汇报组长,组长通知项目部有关人员。

(8)严禁酒后上班,违者视情节严重程度,给予相应处罚。

4)隧道湿喷组辅助工岗位职责

(1)完成日常工作中风水电装接和拆除工作。

(2)铲除喷射面多余部分的混凝土。

(3)协助完成喷射、维修、保养工作。

(4)完成喷射后湿喷台车的清洗、清洁工作。

(5)严禁酒后上岗,违者视情节的严重程度,给予相应处罚。

(6)必须加强劳动纪律,听从管理人员的指挥。

第8章 混凝土湿喷台车应用实例

8.1 京沈客专梨花顶隧道施工实例

8.1.1 工程概况

梨花顶隧道全长12243m,为单洞双线隧道,隧道线间距为5.00m,隧道最大埋深542.77m。

8.1.2 机械配置

京沈客专梨花顶隧道进口在初期支护喷射混凝土施工中配备了铁建重工生产的HPS3016型混凝土湿喷台车,如图8-1所示。

图8-1 HPS3016型混凝土湿喷台车在梨花顶隧道进口施工

与传统的小型湿喷机相比,HPS3016型混凝土湿喷台车具有以下优点:可远距离遥控,喷射速度快,喷射面广,受力均匀;该湿喷台车只需1人操作,喷射速度可达30m³/h,而普通湿喷机需4人操作,喷射速度仅为9m³/h;自动化程度高,设备操作灵活,可采用无线或有线遥控,降低了作业人员劳动强度;台车臂长约16m,可远距离及时封闭突发危险的作业面,有效提高了隧道施工安全性。

8.1.3 喷混凝土步骤

(1)湿喷台车开进隧道,为便于罐车送料,机器应倒着开进隧道,料斗朝外,刚开始利用后驾驶室操作,熟练后可以使用前驾驶室操作。

(2)混凝土湿喷台车距离掌子面一个车身的距离,即12m左右。

(3)湿喷台车支腿撑起,把整机撑平,保障喷射混凝土过程中车身的稳定性,车身倾斜角度保持在±3°以内。若洞内地面较软,在支腿下面采用枕木支垫等方式,保障车身平稳。

(4)湿喷台车开始由专业电工连接380V电源,此时驾驶室电源应处于关闭状态,通电后查看控制柜高压电相序检测灯,绿灯后再看电压表,理想电压为空载400V,加载380V。若电压低于360V,长时间工作,则会造成设备电气元件的损坏。

(5)湿喷台车调整风压(喷射混凝土风压建议4~6bar,设备空压机风压已调好,一般不需要调节)。

(6)接上380V电源后,启动主油泵,操作臂架,将臂架调整至便于保养的位置,操作人员给臂架、喷头油管、风管涂抹废机油(图8-2),方便后期清理混凝土。

(7)喷射混凝土前检查泵送冷却水槽内有水、润滑泵有00号锂基脂,确保泵送过程中冷却、润滑到位,待罐车到位后开始喷射混凝土。

(8)罐车放料,启动主油泵、空压机、速凝剂泵,湿喷台车开始喷射混凝土。刚开始可以以15m³/h的速度喷射混凝土,熟练后即可以30m³/h的速度开始喷射混凝土,并随时保持料斗中有一斗混凝土,间隔时间不得超过20min,以保证料管中混凝土不会凝固,否则建议洗车后再等料来。

(9)喷射混凝土结束后,用高压水枪将料斗中混凝土彻底清洗干净。

(10)料斗内混凝土清理干净后,接满水,出料口塞进清洗球,拆掉喷头,启动泵送按钮将清洗球打出,从而把混凝土管路内的混凝土清理干净;并用水枪将喷头、臂架及车身冲洗干净。

图8-2 涂抹废机油

(11)拆除380V电源电缆,启动发动机,收起支腿,并收电缆,再将台车驶出隧道。

8.2 蒙华铁路崤山隧道出口施工实例

8.2.1 工程概况

MHSS-4标段的崤山隧道为双洞单线隧道,起止里程DK691+361~DK716+85025.488。隧道进口位于三门峡市川口乡城烟村,出口位于卢氏县官道口镇车家岭村,左线长度22751m,右线长度22771m,为蒙华铁路第一长隧道。隧道最大埋深510m,隧道工期46个月,开挖贯通工期38个月,按照进口+5个斜井+出口7个工区(工区围岩分级见表8-1),24个工作面组织。该隧道为蒙华铁路重点控制性工程。

工区围岩分级表 表8-1

工 区		围 岩 级 别				
		Ⅱ级	Ⅲ级	Ⅳ级	Ⅴ级	小计
进口工区	长度(m)	—	870	755	134.28	1759.28
	比例(%)	—	49.5	42.9	7.6	100

嵋山隧道出口施工初期支护采用喷锚支护,初期支护除应具备普通混凝土的性能外,还要有较高的抗渗透、耐腐蚀性能。

8.2.2 机械配置

由于嵋山隧道为双洞单线隧道,两个洞口同时开挖,为提高施工效率选用了两台铁建重工的HPS3016系列湿喷台车,其泵送能力为30m³/h,该系列湿喷台车具有施工环境污染小、添加剂计量准确、工作进度快、喷射无死角等特点,能满足该隧道的施工要求。

1)混凝土配合比

混凝土配合比的选定首先要满足强度要求,然后再根据回弹率、可泵送性等要素调制出合适的配合比,见表8-2。影响泵送性的三大要素为水泥含量、坍落度、骨料级配,这三大要素往往相互关联,起作用:当细骨料或水泥含量小而无法泵送时,可取较理想的骨料级配,提高含沙率,加水等方法提高泵送性;当骨料级配不当,含砂率过低或片状石过多时,可加适当水泥和水,部分改善可泵送性。

混 凝 土 配 合 比　　　　　表8-2

混凝土强度等级	水泥	粗骨料(<15mm)	细骨料(中砂)	减水剂	速凝剂	水
C25	465	792	893	4.65	5%	177
	1	1.7	1.92	1%		0.38

一般混凝土坍落度保证在140～180mm之间,含砂率在55%左右,含砂率不宜过低,同时混凝土应具有一定的黏聚性。

由于混凝土的性能受原材料的影响比较大,所以在不同的地区、相同的配合比不一定适用。因此,混凝土配合比的调节对于湿喷台车的喷射效率、效果尤为重要,需要反复试验,得到最佳的数据。配合比基本要求:容易喷射,不易堵管,减少回弹量。

喷边墙与拱顶时,可根据添加剂质量情况,手动调节HPS3016型湿喷台车遥控器上的添加剂调节旋钮,添加剂掺量一般在4%～6%左右。调节原则:拱顶大,边墙小。

2)主要原材料要求

(1)砂子

砂子除符合《建设用砂》(GB/T 14684—2011)要求外,选用级配合理、细度模数为2.5～3.2的坚硬耐久的中粗砂,砂的表观密度大于2.65g/cm³,堆积密度不小于1450kg/m³,含泥量小于3%,吸水率小于1%。

(2)石子

石子除符合《建设用卵石、碎石》(GB/T 14685—2011)要求外,选用级配合理、5～12mm的坚硬耐久的碎石,且粒形要好、针片状颗粒含量小于15%;石子表观密度应大于2.65g/cm³,堆积密度不小于1450kg/m³,含泥量小于1%,吸水率小于1%。

(3)水

水符合《混凝土用水标准》(JGJ 63—2006)要求,不含有影响水泥正常凝结与硬化的有害杂质,不得使用污水及pH值小于4的酸性水,以及含硫酸盐量按SO_4^{2-}计算超过混合用水质量1%的水。

8.2.3 人员配置

现场施工人员最少配置3人：操作人员1名、放料工1名、杂工1名。根据实际施工经验，会增加1名捡石子的工人，防止罐车内的大粒径石子经过筛网进入泵送系统，导致堵管或堵喷头。

其他技术人员及搅拌站工作人员可根据现场条件调配。为保障喷射的连续性和喷射效率，防止因等料太久发生混凝土凝结，引发堵管，1台湿喷台车至少保证配备2台罐车。

8.2.4 混凝土湿喷台车施工

1）施工流程

混凝土湿喷台车施工流程如图8-3所示。

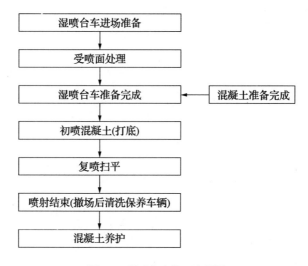

图8-3 湿喷台车施工流程图

2）喷射要点

(1)泵送前，可用水泥浆或者砂浆润滑管路。

(2)最佳泵送压力在12MPa以内。如果混凝土的泵送性能不好，泵送压力过高，可根据现场情况，进行适当的加水或水泥，加以改善。

(3)保证喷射距离在1.2~1.5m左右。

(4)在岩层不是很好的情况下，喷射前利用自带空压机产生的高压风，对岩石面进行清理，提高喷射混凝土的附着力。

(5)喷射时，从底部向拱顶自下而上喷射。切勿为了一次喷平整，喷头一直停留在某个位置找平，应先进行打底喷射，最后再找平。可利用臂架的水平回转及垂直回转功能，将喷头拟合出弧拱形轨迹，对隧道的弧面进行往复喷射，这样不会因为局部过厚而导致混凝土脱落，降低回弹量。

(6)操作人员可根据不同的喷射位置调整喷射速度和添加剂添加量。在喷拱脚时，喷射速度可开大些，同时添加剂掺量可调小些；在喷拱顶时，喷射速度可调小些，添加剂掺量可调大些。

(7)扫面之前,可用挖土机清理拱架上的混凝土,以保证平整性。

(8)最后扫平收面时,应将喷射速度调小。

(9)设备使用完后,应尽快清洗、保养设备。

(10)冬季北方施工应将车辆放在保温的地点,添加外加剂时,应注意外加剂的黏稠度,如有必要,可先对外加剂进行加热处理,再进行加注。

3)湿喷台车的效能

(1)人员安全性

在湿喷过程中,需要3~4名工人负责整个施工过程,人员操作遥控器,可远离喷射面,这样在保证人员安全的同时,也将烟雾对人体的危害加以降低。而同样使用小型湿喷台车或者干喷机不仅效率低,近距离的安全性差,而且烟雾对人身的危害很大。

(2)时间效益

2015年7月26日,喷锚时间20:05~22:30(表8-3),共喷拱架36m³混凝土。

喷射时间记录表　　表8-3

车　次	第一车	第二车	第三次	第四车
喷锚时间	20:05~20:36	20:43~21:11	21:23~21:54	22:05~22:30
实际有效喷施时间(min)	21	28	21	25

实际有效喷施时间95min,实际有效喷射速度22.7m³/h。实际总耗时145min,比小型湿喷台车或者干喷机每个班可节省2h,一天两个班节省4h,一个月在喷锚上节省的时间为5d,一年就是2个月。由此可见,HPS3016系列湿喷台车带来的时间效益是非常可观的。

4)使用总结

HPS3016系列泵送式湿喷台车的效率非常高,但对于湿喷台车喷射作业人员的水平及混凝土的配合比要求比较高。在喷锚的过程中,应全面协调各工位人员工作的安排,避免一些人为的失误或工作统筹不当导致的时间浪费现象。泵送式湿喷台车系统结构相对复杂,日常的维护保养比较重要,平时应注意对润滑系统及各个易损件的维护。因为良好的设备状态是高效施工的可靠保障。

8.3　拉林铁路卓木隧道进口施工实例

8.3.1　工程概况

卓木隧道进口位于西藏林芝市布久乡仲砂坝村山体内。隧道范围属于丘陵区,坡缓。隧道进口工区承担DK421+740~DK424+234,全长2494m,无明洞;最小埋深范围1m,最大埋深830m。该隧道设计行车速度为160km/h,客货共线;隧道洞身围岩复杂,其中,Ⅱ级围岩,长775m;Ⅲ级围岩,长625m;Ⅳ级围岩,长504m;Ⅴ级围岩,长590m;Ⅴ级围岩占26.6%。工程概况如图8-4所示。

第8章 混凝土湿喷台车应用实例

图8-4 工程概况示意

隧道所经地区的地下水主要为第四系孔隙潜水、基岩裂隙水,地下水无侵蚀性,碳化环境作用等级为T2,隧道地处剥蚀低山丘陵区,海拔高度+2944.322~+2952.261m,最高点位于隧道轴线左侧,高程为+4400m,最低点位于隧道进、出口宽谷雅江地带,高程为+2920m。

8.3.2 机械配置

卓木隧道位于高原,气候恶劣,特别在冬天,对于施工机械的性能考验极大。为满足这一特殊施工要求,选用一台铁建重工生产的HPS3016G型高原型湿喷台车。

为确保高原施工安全可靠,HPS3016G型湿喷台车在动力系统、空气系统、电气系统和管路等方面都做了针对高原的特性设计,适合于海拔高度+3000m以上、最低存放温度-40℃、最低启动温度-20℃的条件。

8.3.3 人员配置

(1)施工技术管理人员:技术员4人、试验人员5人、管理人员5人。

(2)搅拌站人员配置:搅拌站司机1人、铲车司机1人、材料工2人、罐车司机5人、其他配合人员4人,共计13人。

(3)混凝土湿喷台车人员配置:湿喷台车操作人员2人,放料工2人,其他配合人员2人;分两个班,3人/班。

8.3.4 混凝土湿喷台车施工

(1)将设备开进隧道,在湿喷台车电缆与隧道电源连接处开始放电缆(边行驶边放)。根据受喷面将设备定位,支起支腿,接外部电源,如图8-5所示。

(2)启动泵送电机、空压机、添加剂泵,检查各系统是否正常。寒冷工况下,需对设备进行预热。

(3)将臂架按顺序展开,伸出四臂,使喷头达到方便涂油的最佳位置。

(4)启动电机,使用半袋水泥润滑管路,以预防堵管。

(5)启动喷射按钮,进行喷射作业。

图 8-5 放电缆、支支腿

(6)喷射时,尽量使三臂平行于拱架,喷嘴垂直于喷射面。纵向喷射主要依靠四臂的伸缩,环向喷射依靠垂直回转和一臂的展开和伸缩来实现,同时配合喷嘴的上下左右摆动,进行找点喷射,如图8-6、图8-7所示。

图 8-6 喷射作业

图 8-7 混凝土湿喷台车洞口施工作业图

(7)清洗。作业完成后,进行泵送机构、输送管路、喷头和车身的清洗。

(8)将湿喷台车移出隧道。

8.4 哈牡客运专线先行工程——威虎山隧道施工实例

8.4.1 工程概况

哈牡客运专线先行工程——威虎山隧道位于黑龙江省海林市横道河子镇境内,工程概况如图 8-8 所示。隧道全长 7152m,线间距 4.6m,最大埋深约 196m。按新奥法设计与施工,暗挖段采用复合式衬砌。隧道设置 1 号斜井(长 550m)、2 号横洞(长 495m,紧急出口)。

喷射混凝土采用移动栈桥(带曲模)实施仰拱、填充分层浇筑。洞口采用帽檐斜切式洞门。Ⅱ级围岩,采用全断面法开挖;Ⅲ级围岩,采用台阶法开挖;Ⅳ级围岩,采用三台阶法开挖;断层、破碎带及浅埋段Ⅴ级围岩,采用三台阶加临时仰拱(横撑)法开挖。

8.4.2 机械配置

针对台阶法施工,选用一台铁建重工生产的 HPS3016S 型混凝土湿喷台车,泵送速度为 30m³/h。该机具备独特的二级回转机构、多级折叠伸缩的臂架和灵活的喷头结构。

8.4.3 人员配置

(1)施工技术管理人员:技术员 2 人、管理人员 2 人。
(2)搅拌站人员配置:搅拌站司机 1 人、铲车司机 1 人、材料工 2 人、罐车司机 5 人、其他配合人员 2 人,共计 11 人。
(3)混凝土湿喷台车人员配置:湿喷台车操作人员 2 人,放料工 2 人,其他配合人员 2 人;分两个班,3 人/班。

8.4.4 混凝土湿喷台车施工

1)施工流程

威虎山隧道混凝土湿喷台车施工流程如图 8-9 所示。

图 8-8 威虎山隧道工程概况示意

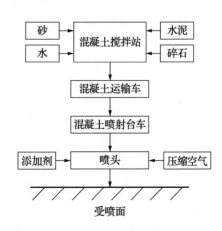

图 8-9 威虎山隧道湿喷台车施工流程

2) 混凝土配合比

凡是要用活塞式泵来泵送的混凝土,泵送成功与否,与混凝土的质量好坏有密切关系。混凝土的可泵送性,与水泥用量,砂石料的粒径、形状及连续级配,坍落度(可塑性和流动性)、和易性等因素有关。为减少堵管、泵送顺利,技术上要求混凝土在被泵送的过程中具有良好的流动性和可塑性,同时又不发生离析。因此,对混凝土的设计配合比、用料质量和搅拌质量提出了严格要求,如图 8-10 所示,以保证混凝土具有可泵送性。

工程名称:新建哈尔滨至牡丹江铁路客运专线先行工程站前工程
施工部位:威虎山隧道出口、中台阶右侧 DK259+092.1-091.3、中台阶左侧 DK259+087.3-086.5、下台阶左侧 DK259+095.7-093.7、下台阶右侧 DK259+099.7-097.7、上台阶 DK259+077.7-076.9
生产班组:哈牡先行隧道 4 队   生产日期:2016.1.12

设计强度等级	配合比报告编号	允许坍落度(mm)	允许维勃稠度
C25	HMSG2-0-TPB151009	120~180	

(1)理论配合比	
水泥:掺和料1:掺和料2:粗骨料:粗骨料1:粗骨料2:外加剂1:外加剂2:水 = 1.00:/:/:2.00:1.64:/:0.01:0.05:0.45	水胶比(W/B) 0.45

(2)材料含水率试验结果			
项目 材料名称	烘干前湿料质量(g)	烘干后干料质量(g)	含水率(%)
细骨料	500.0	484.5	3.2
粗骨料	2000	1998	0.1
掺合料	—	—	—

(3)施工配料计算									
材料名称 项目	水泥	掺和料1	掺和料2	细骨料	粗骨料1	粗骨料2	外加剂1	外加剂2	水
产地规格	牡丹江北方水泥有限公司 P.042.5	—	—	一帆砂场	长兴采石场 5~10mm	—	天津冶建特种材料有限公司 JG-2H	北京宏业九州科技发展有限公司	地下水饮用水
报告编号	HMSG2-0-C151204	—	—	HMSG2-0-S151029	HMSG2-0-G151112	—	HMSG2-0-WJ151102	HMSG2-0-5NJ151003	TSF-2015-2
理论用料(kg/m³)	462	—	—	1124	556	—	3.70	23.10	208
材料含水率(%)	—	—	—	3.2	0.1	—	—	—	—
材料含水量(kg)	—	—	—	36	1	—	—	—	—
施工用料(kg/m³)	462	—	—	1160	557	—	3.70	23.10	171

(4)施工配合比										
	水泥	掺和料1	掺和料2	细骨料	粗骨料1	粗骨料2	外加剂1	外加剂2	水	水胶比(W/B)
施工配料比例	1.00	—	—	2.51	1.20	—	0.01	0.05	0.37	0.45
每盘用料(kg)	924	—	—	2320	1113	—	7.40	46.20	343	

图 8-10 施工现场的混凝土配比单

3）施工照片（台阶法）

隧道采用台阶法施工,湿喷台车配合施工,依次对整个隧道面进行喷射支护(图8-11)。

4）施工效果

湿喷台车施工效果如图8-12所示。

图8-11　台阶法湿喷台车施工

图8-12　湿喷台车施工效果

8.5　蒙华铁路张裕2号隧道出口施工实例

8.5.1　工程概况

蒙华铁路张裕2号隧道出口位于山西省运城市平陆县张村镇境内,如图8-13所示,隧道全长540m,隧道最大埋深约48.7m。整段隧道全部位于直线上,隧道线间距为4m,隧道纵坡为单面坡,坡度为12‰、坡长为540m。

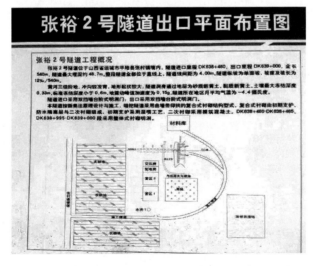

图8-13　张裕2号隧道工程概况示意

所处位置为黄河三级阶地,冲沟较发育,地形起伏较大。隧道洞身通过的地层为砂质新黄土,黏质新黄土。隧道所在地区月平均气温 −4.4℃。隧道出口采用双挡墙台阶式明洞门,按新奥法原理设计与施工,暗挖隧道采用曲墙带仰拱的复合式衬砌结构形式,复合式衬砌由初期支护、防水隔离层、二次衬砌组成，初期支护采用湿喷工艺，二次衬砌采用模筑混凝土。

8.5.2 机械配置

张裕 2 号隧道出口施工的机械配置见表 8-4。

张裕 2 号隧道出口施工机械配置　　　　表 8-4

序　号	设　备　名　称	数量(台)	规　　格
1	混凝土搅拌站	1	生产量 60m³/h
2	HPS3016 型混凝土湿喷台车	1	喷射速度 30m³/h
3	螺杆空压机	1	10m³/min
4	混凝土运输罐车	2	容量 8m³

8.5.3 混凝土湿喷台车施工

1）施工工艺

混凝土湿喷台车施工工艺流程如图 8-14 所示。

2）作业要求

混凝土湿喷台车作业要求见表 8-5。

混凝土湿喷台车作业要求书　　　　表 8-5

序号	作业项目	作　业　要　求
1	作业项目	一般岩面用高压水冲洗受喷面上的浮尘、岩屑，当岩面遇水容易潮解、泥化时，宜采用高压风吹净岩面
		设置控制喷射混凝土厚度的标志，每断面从拱顶每 2m 布设混凝土厚度标志，宜采用埋设钢筋头作标志
		检查机具设备和风、水、电等管线路，并试运转
		混凝土辅料距离：水平方向不大于 30m；垂直方向不大于 20m
		对有涌水、渗水或潮湿的岩面喷射前按不同情况进行处理；大股涌水采用注浆堵水后再喷射混凝土；小股水或裂缝渗漏水采用岩面注浆或导管引排后，再喷射混凝土；大面积潮湿的岩面宜采用黏结性强的混凝土，如添加外加剂、掺合料以改善混凝土的性能
2	喷射混凝土	开始时先送风，再开机，再供料；结束时，先停料，再关机，最后停风
		初喷混凝土厚度 3～5cm
		复喷混凝土时分层喷射，后一层喷射应在前一层混凝土终凝后进行，若终凝 1h 后再进行喷射时，应先用风水清洗喷层表面
		喷射自下而上，先将凹处大致喷平，再顺序分层，往复喷射
		有拱架时先喷拱架与围岩面间混凝土，再喷拱架间混凝土
		边墙从拱脚开始向上喷射，一次喷射厚度 7～10cm，拱部 5～6cm
		喷射混凝土与受喷面保持 1.5～2.0m 的适当距离，喷射角度尽可能接近 90°
		喷射速度要适当，有利于混凝土的密实，控制适当风压

续上表

序号	作业项目	作业要求
2	喷射混凝土	喷射严禁对人放置
		喷射混凝土拌合物的停放时间不得大于30min
		喷射混凝土应强化工艺管理,降低喷射回弹率。喷射过程中,及时检查回弹率大小及速凝剂掺量
3	综合检查	厚度通过厚度标记或钻孔进行检查,喷射质量通过观察和敲击进行检查
4	养护	喷射混凝土终凝2h后,湿度小于90%应喷水养护,时间不得少于14d,气温低于+5℃时不得喷水养护

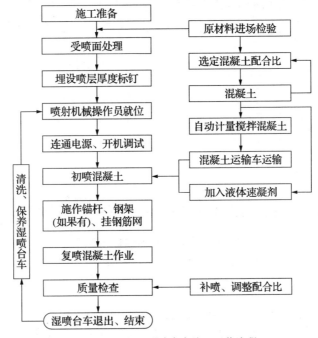

图 8-14 混凝土湿喷台车施工工艺流程

3)湿喷施工

湿喷施工如图 8-15 所示。

图 8-15 湿喷施工照片

8.6 渝黔铁路天坪隧道平导隧洞施工实例

8.6.1 工程概况

（1）渝黔铁路天坪隧道全长13978.252m，为单洞双线铁路隧道，平导隧洞全长11775m，位于线路左侧30m，如图8-16所示。该隧道进口地形较陡，风化裂隙、岩溶裂隙发育，山坡上分布有围岩、落石，线路左侧山体较薄，存在严重偏压现象。该隧道围岩以灰岩和页岩为主，其中，Ⅲ级长2900m，Ⅳ级长2082m，Ⅴ级长260m。

图8-16 天坪隧道平导隧洞工程概况

（2）施工现场由施工区、生活区、拌和站、碎石场、弃渣场等组成。施工现场布置如图8-17所示。

图8-17 天坪隧道平导隧洞施工平面图

(3) 施工现场全景如图 8-18 所示。

图 8-18　天坪隧道平导隧洞施工现场全景图

8.6.2　机械配置

该平导隧洞采用一台 CSS-3 型混凝土湿喷台车施工,最大喷射量可达 30m³/h,作业效率高;湿喷台车打开高度 3.2m,可以在平导隧洞内轻松打开;最大喷射高度为 17.26m,满足隧洞内无死角的喷射要求。使用该湿喷台车施工,回弹率整体控制在 10% 以内。CSS-3 型湿喷台车的主要配置参数见表 8-6。

CSS-3 型湿喷台车主要配置参数表　　　　表 8-6

基本参数	
质量	16000kg
外形尺寸(长×宽×高)	9980mm×2450mm×3100mm(有空压机,喷嘴带刷动功能)
理论最大喷射能力	30m³/h
作业动力	双动力作业:柴油机和电动机
最大喷射高度(喷射距离 1.5m)	17.26m
电动机作业总功率	134kW(75kW+55kW+2kW+2kW)
基本配置	
底盘	
爬坡能力	35%
转弯半径	内侧 2.6m,外侧 7m
最高时速	22km/h
混凝土泵	
型号	PAS 307
形式	双活塞式,S 管阀
理论最大喷射能力	30m³/h
最大泵送频率	16 次/min
混凝土输送压力	65bar
料斗容积	0.3m³

续上表

湿喷台车		
结构形式		可滑移双转台,3 节 Z 形臂架
湿喷台车喷射范围(喷射距离取 1.5m,轮胎处于离开地面的临界状态)	向上喷射高度	17260mm
	向前喷射距离	15500mm
	向下喷射深度	7830mm(停机面以下深度)
转台滑移距离		2730mm
臂架最小展开高度		3200mm
转台水平旋转角度		±180°
转台垂直旋转角度		±180°
一节臂俯仰角度		-5°~90°
二节臂俯仰角度		0°~180°
三节臂俯仰角度		0°~270°
三节臂伸缩距离		1.8m
喷头上下摆动角度		0°~180°
喷头左右摆动角度		±90°
空压机		
生产厂家		意大利玛泰
型号		ERC 3080L
形式		滑片式
电动机功率		75kW
供风量		11.5m^3/min
风压		7.5bar
添加剂计量系统——Uniflux H1.0		
计量泵形式		蠕动泵
蠕动泵厂家		ACME
蠕动泵型号		ASP25FX
驱动方式		液压驱动
最大输出压力		13bar
流量调节范围		1~24L/min
添加剂箱容积		2×1000L

8.6.3 混凝土湿喷台车施工

(1)待洞内准备就绪,驾驶员驾驶湿喷台车缓缓进入隧洞(图 8-19),操作人员随车进入隧洞。

(2)作业前的准备工作(图 8-20)。根据受喷面的方位,将设备定位,然后撑起支腿。隧洞内一般都通有外接风源,先将外接风管接入混凝土湿喷台车空气管路入口端。同时,转动

图 8-19　混凝土湿喷台车驶入隧洞

图 8-20　湿喷台车准备作业

电缆卷盘放缆,为湿喷台车接通电源。

设备通电后,缓缓打开臂架,调试臂架,并检查管路连接情况。

(3) 设置泵送参数(图 8-21)和添加剂掺量。

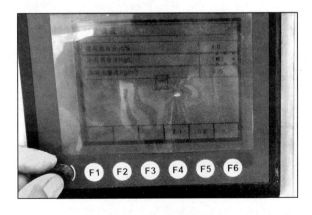

图 8-21　泵送参数设置

(4) 搅拌车放料(图 8-22),启动泵送程序,喷射开始。

(5) 操作人员操作臂架,进行喷射施工(图 8-23)。

图 8-22　搅拌车放料

图 8-23　湿喷台车喷射施工

8.6.4　设备清洗与维护

（1）施工完成后，使用清洗水枪对湿喷台车外表面进行清洗，如图 8-24 所示。

图 8-24　湿喷台车的清洗

（2）检查管路是否磨损（图 8-25），清洗管路上黏着的混凝土。
（3）检查易损件的使用情况（图 8-26），及时更换易损件。
（4）滑移平台和料斗内容易积结混凝土，需要重点清理，如图 8-27 所示。
（5）设备清洗完毕，将设备置于指定区域，等待下一班工作。

图 8-25　检查湿喷台车管路

图 8-26　检查湿喷台车易损件

图 8-27　清理滑移平台和料斗内的混凝土

8.7　西成客运专线何家梁隧道施工实例

8.7.1　工程概况

西成客运专线何家梁隧道位于大巴山区陕西省勉县和宁强县境内,穿越何家梁,进口位于勉县漆树坝乡大水沟内的山坡上,出口位于宁强县铁锁关镇附近山坡上,地面高程一般为

+670～+1630m。洞身范围内山高坡陡,基岩裸露,沟壑纵横,地形复杂,植被茂密,有众多基岩"V"形侵蚀沟谷,坡脚多为滑坡错落堆积层和崩积层,隧道洞身最大埋深为750m,最小埋深为18m。隧道起讫里程为DK297+190～DK309+590,全长12400m。全隧主要分布三、四、五级围岩。

8.7.2 机械配置

何家隧道湿喷作业机械配置见表8-7。

何家隧道湿喷作业机械配置　　　　表8-7

序号	设备名称	数量(台)	规格
1	混凝土搅拌站	1	生产量60m³/h
2	CHP25B型车载式混凝土湿喷台车	1	喷射速度25m³/h
3	螺杆空压机	1	10m³/min
4	混凝土运输罐车	2	罐容量8m³

8.7.3 人员配置

一班:湿喷台车操作人员1人,放料工2人,管理员1人,共计4人/每机组。

两班:湿喷台车操作人员2人,放料工4人,管理员1人,共计7人/每机组。

8.7.4 混凝土湿喷台车施工

分段、分片,按"由下而上、先墙后拱"顺序进行。

分层喷射,边墙每层厚度按6～8cm控制,拱部按4～6cm控制,后一层在前一层混凝土终凝后进行,直至复喷到设计厚度。

喷嘴要垂直受喷面缓慢做反复螺旋形运动,同时与受喷面保持一定的距离,一般为1.0～1.5m。

喷射混凝土的回弹率控制在不大于15%。

8.8 乌东德水电站施工实例

8.8.1 工程概况

乌东德水电站位于四川会东县和云南禄劝县交界的金沙江河道上,是金沙江水电基地下游河段四个水电梯级的第一梯级。控制流域面积$4.06×10^5 km^2$,电站装机容量$1.02×10^7 kW$,多年平均年发电量约$3.87×10^{10} kW·h$。

中铁装备SP30B型湿喷台车在乌东德水电站由中国水力水电第六工程局使用,主要应用于导流洞、边坡等处的喷浆作业。

8.8.2 湿喷混凝土配合比

该工地所用砂子为机制砂,砂子中的石子颗粒较小且均匀,小石子直径小于5mm,外形较圆滑,少有针状、片状石子;石子直径为10~15mm,超粒径石子较少。

喷射混凝土料配合比由专门的实验室进行制定,级配好,易于喷射。湿喷混凝土基本配比见表8-8。

湿喷混凝土基本配比   表8-8

水泥	粉煤灰	细骨料	粗骨料	速凝剂	减水剂	水
1	0.18	2.35	1.92	0.059	0.013	0.43

表8-8所列配比为基本配比,由于各个工地的混凝土差异较大,设备到场后,一般还需要在进行微调,才能达到最佳喷射效果。每次拌料前都需要实测砂石料的含水率,计算出实际需要用料,再进行拌和。

8.8.3 混凝土湿喷台车施工

由于水电站喷混凝土量大,对喷混凝土速度要求较高,最快调到22~24m³/h,每车10m³基本上用时30min。装备湿喷台车不但需要喷射隧道毛面,有些部位还需要进行挂网喷射。下面两张图片是喷射的效果图。图8-28是在隧道毛面的喷浆图;图8-29是挂网喷浆图。

图8-28 毛面喷浆

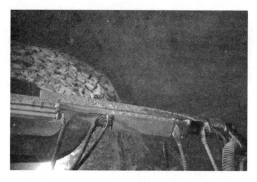

图8-29 挂网喷浆

从2014年11月4日进场,到2015年1月23日退场,共计80天,实际喷射天数共计55d,喷射方量共计3260m³,平均每天喷射60m³。

8.9 中条山隧道施工实例

8.9.1 工程概况

中条山隧道设计为双洞单线隧道,穿越中条山脉,一般线间距35m,全长18405m,隧道最大埋深840m。隧道初期支护采用H150型格栅钢架,喷射C25混凝土,设计厚度为23cm。隧道开挖采用三台阶法施工,喷射混凝土采用KC30湿喷台车自仰拱→下台阶→中台阶→上台阶的顺序逐层喷射。

8.9.2 机械配置

中条山隧道湿喷作业机械配置见表8-9。中条山隧道每2个作业面采用1台KC30型混凝土湿喷台车(图8-30、图8-31)施工,最大喷射量可达30m³/h,作业效率高。

中条山隧道湿喷作业机械配置表(单工作面/班)　　表8-9

序号	机械设备名称	型号或规格	数量(台/套)
1	混凝土运输罐车	10m³	2
2	湿喷台车	KC30	1
3	集中拌合站	HLS90	1

图8-30　KC30型混凝土湿喷台车

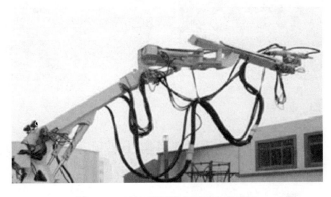

图8-31　KC30型混凝土湿喷台车臂架

8.9.3 人员配置

中条山隧道单工作面每班配置湿喷台车操作人员1人,喷射混凝土配合人员2人,电工1人,混凝土运输车司机2人,技术、质检、试验、安全人员各1人,作业班长1人。

8.9.4 混凝土试验配合比

根据现场实际施工情况,经不断优化配合比,现场最终采用混凝土试验配合比见表8-10。

喷射混凝土配合比的选定　　　表8-10

材料	水泥	砂	碎石	减水剂	速凝剂	水
规格	P.O 42.5	中砂	5~10mm	HM-SP 缓凝型	KD-5	—
质量(kg/m³)	476	954	725	4.76	19.04	195

8.9.5 现场实际参数控制

现场实测期间(图8-32),掌子面围岩干燥,自稳情况较好,通过观察现场实际操作,得到混凝土相关工作参数见(表8-11)。

图8-32　隧道内喷射混凝土

混凝土喷射相关工作参数　　　表8-11

喷射距离	速凝剂掺量		混凝土喷射量 (m³/h)	风压 (MPa)	备注
	百分比(%)	每小时添加量(kg/h)			
1.2~1.5m	4~4.3	120~162	29~32	0.4~0.45	

(1)上台阶混凝土喷射中间核心土部位时,喷射距离为1.5m,核心土无影响部位,喷射距离为1.2m;

(2)喷射完成后进行扫面修补,速凝剂掺量上调,混凝土喷射量降低。

8.9.6 效果分析

(1)作业环境明显改善

现场喷射作业环境粉尘浓度低于2mg/m³,整个工作面及作业区域空气较好,几乎没有粉尘,有效改善了作业环境,满足职业健康安全方面的要求。

(2)回弹率降低

由于湿喷台车的大臂、小臂、喷头之间能够灵活的转动,在施工中喷头与喷射面之间的角度和距离始终保持最佳状态;湿喷台车自带液态添加剂计量输送装置,可精确添加速凝剂;PLC 程序模块对混凝土和速凝剂掺量同步程序控制,可保证速凝剂的最佳掺量;操作人员操作熟练,使喷射混凝土的回弹率降低。

(3)湿喷台车施工效率高

湿喷台车施工是高机械化程度的作业,现场按照单循环进尺 1.5m 来对比,传统"干喷"作业(两台干喷机)至少需 8 人可完成整个施工过程,每小时最大喷射量为 $5.0m^3/(h·台)$,单循环作业时间约 2.5h。而湿喷台车施工过程中需 3~4 人便可以完成整个施工过程,每小时喷射量为 $20~30m^3/(h·台)$,单循环作业时间约 2.0h,施工效率提高。

第9章 国内外主要混凝土湿喷台车

混凝土喷射施工作业涉及搅拌、运输、给料和喷射等多个工序,同时劳动强度大、作业环境差,因此世界各国非常重视混凝土湿喷台车的研究开发工作。喷射混凝土标准化和施工技术的日益成熟,促进了国内外混凝土湿喷设备的配套化和系列化。各国相继成立了喷射混凝土学术组织,并制定了相应的标准和规范,同时加强了施工技术、新型混凝土添加剂、混凝土喷射设备的研究开发力度。目前,国内市场主要的国产混凝土湿喷台车厂家有铁建重工、中铁五新,国外进口的混凝土湿喷台车厂家有意大利CIFA和德国普茨迈斯特,本章对国内外市场主要的混凝土湿喷台车的功能特性和关键参数进行介绍。

9.1 国内主要混凝土湿喷台车

9.1.1 铁建重工HPS系列混凝土湿喷台车

1)概况

HPS系列混凝土湿喷台车(图9-1)是铁建重工根据市场需要,针对隧道机械化施工开发的集行走、泵送和喷射三大功能于一体的大型隧道机械,是隧洞喷射混凝土支护的核心设备。其主要利用流体动力,把预拌混凝土以较高速度喷射于受喷面,依赖喷射过程中水泥与骨料的连续撞击、压密,形成一种混凝土层,以支护受喷面。HPS系列湿喷台车可广泛应用于隧道、高速护坡等不同行业、不同场合的预拌混凝土、含钢纤维或聚合纤维的预拌湿混凝土浇筑。

HPS3016S型湿喷台车:
隧道内臂架展开 + 收回 + 转场 + 料斗清洗

2)主要特点

(1)整机具有双向驾驶功能,安全性能高。

(2)可设置手动、自动反泵功能,防止堵管更可靠。

(3)液压元器件采用进口产品,使用性能安全、可靠。

(4)三节式折叠臂架,四臂伸缩。

(5)两级转盘,一级转盘可以在车架上滑移,喷射范围更广。

(6)混凝土湿喷台车臂架采用双动力液压系统,提高了工作效率,使用更可靠。

(7)自行研发的混凝土湿喷台车转台支承行走结构,使导轨磨损更小,延长了导轨使用寿命。

(8)添加剂跟随混凝土的流量自动添加。

(9)人机交互式界面显示,操作简单。

3)系列化产品

a) HPS3016型

b) HPS3016S型

c) HPSD3010型

d) HPS305与HBTS305型

图 9-1

e) HPSD2008型

f) HPS3016G型

图 9-1 HPS 系列混凝土湿喷台车

铁建重工形成了 HPS3016 系列化产品：HPS3016S 为四轮转向、双向驾驶、含空压机的高配型；HPS3016 为两轮转向、双向驾驶、含空压机的高配型；HPS3016SW 为四轮转向、双向驾驶，不含空压机标配型。为适用高原型环境，铁建重工新增高原型混凝土湿喷台车 HPS3016SG、HPS3016G，该产品适用于海拔高度 +3000m 以上的高原高寒地区。整机液压油、冷却液最低存放温度 -40℃，发动机最低启动温度 -20℃，最低工作温度 -10℃。

4）技术参数

见第 3 章 3.2 节相关内容。

5）施工情况

（1）铁建重工 HPS3016 系列混凝土湿喷台车助力国内第一条全线推广隧道机械化施工的铁路项目——蒙华铁路，创多项佳绩。

①铁建重工湿喷台车应用于蒙华铁路最长隧道。

HPS3016 系列混凝土湿喷台车成功应用于蒙华铁路崤山隧道（图 9-2）。隧道隧址位于河南省三门峡市境内，为燕尾式隧道，左线长度 25442m，右线长度 23271m，最大埋深约 510m。这是铁建重工 HPS3016 系列混凝土湿喷台车首次（2015 年 5 月）进驻蒙华铁路，该系列设备不仅施工效率高，而且生产厂家的服务团队还凭借丰富的施工经验，积极配合项目部中心试验室进行喷料试验,根据隧道的实际施工情况提出了很多合理性建议,改进了喷锚施工工艺,优化了施工环境。

图 9-2　HPS3016S 型混凝土湿喷台车在崤山隧道中施工

②4h 喷射混凝土 110m³。

建华隧道地质条件为:Ⅵ级围岩长 180m,占 2.34%,Ⅴ级围岩长 7403m,占 1.3%。整条隧道地层多为砂质或黏质新黄土、砂质或黏质老黄土、粉砂、细砂,在这种地质条件下喷射混凝土时,混凝土非常容易掉落。每次喷射作业前都要先用挖掘机小面积开挖,因为开挖面积小、喷射高度低,喷射臂难以进入,加上黄土疏松容易掉落,给喷射工作带来极大的困难。在这种条件下,铁建重工生产的混凝土湿喷台车(图 9-3)却在 4h 喷射混凝土 110m³,喷射效果非常好。

图 9-3　HPS3016S 型混凝土湿喷台车在建华隧道中施工

③铁建重工国内首创混凝土湿喷台车新喷法,打破传统观念。

蒙华铁路麻科义隧道一号斜井。该洞口为 7m×9m,是整体开挖,洞口内部要求光滑,需在钢结构拱架外部喷射混凝土(图 9-4)。因为隧道高度太高,臂架须不断变换伸缩方式和调整角度,喷头也须不断变换角度,对设备和操作人员提出很高的要求,铁建重工生产的混凝土湿喷台车顺利完成了喷射工作。这种喷射方法是国内首创,打破了隧道洞口喷射只能喷内部的传统观念。

④铁建重工提供"保姆式"服务,为客户培养有担当的湿喷台车操作人员。

河南卢氏县五里川蒙华铁路西安岭隧道,隧址位于河南省三门峡市境内,为双洞单线隧道,线间距 30m,左线长度 18063m,右线长度 18081m,最大埋深约 715m。铁建重工生产的混凝土湿喷台车同时在这两个隧道的左右线施工,保证隧道开挖支护进度。铁建重工湿喷台车培训教员到达工地后,不分昼夜随叫随到,并毫无保留地为客户培养湿喷台车操作人员(图9-5)。

图9-4　HPS3016S型混凝土湿喷台车在钢结构拱架外部喷射混凝土

图9-5　铁建重工为客户培养湿喷台车操作人员

⑤铁建重工湿喷台车喷射范围广,臂架伸长达15.3m。

蒙华铁路阳山隧道1号斜井,该隧址位于陕西省延安市延长县境内,为单洞双线隧道,全长11285m,最大埋深约257m。因进口采用台阶法施工,喷射范围和臂架长度要求较高,铁建重工生产的混凝土湿喷台车臂架伸长达到15.3m,顺利完成了该喷射作业,获得了客户的高度认可,如图9-6所示。

(2)铁建重工生产的混凝土湿喷台车在成贵铁路蔡家寨隧道连续喷射量超行业记录。

在成贵铁路蔡家寨隧道,一台混凝土湿喷台车负责两个洞口喷射作业(图9-7),创造了连续 5 个月喷射超 2500m³/月的行业记录,最高达到 2890m³/月,远超行业内的月喷射量 1300m³。

图 9-6　HPS3016S 型混凝土湿喷台车在台阶法施工中的应用

图 9-7　HPS3016S 型混凝土湿喷台车在蔡家寨隧道施工

(3)铁建重工生产的混凝土湿喷台车成功应用在西藏林拉公路,成为世界第一台进驻海拔 4800m 以上的高原混凝土喷射设备。

在林拉公路海拔 4800m 的米拉山隧道,铁建重工生产的混凝土湿喷台车在海拔高达 5000m 的西藏林拉公路米拉山隧道及斜井,成功完成首次混凝土喷射任务,如图 9-8 所示,打

图 9-8　HPS3016G 型混凝土湿喷台车在高原隧道施工

破了类似设备只能在海拔2500m之内保持正常工作的传统,填补了我国高原型混凝土湿喷台车的空白,为今后在高原隧道施工中实现机械化湿喷法积累了一定的施工经验。

9.1.2 湖南五新CHP30C型车载式混凝土湿喷台车

1) 主要特点

CHP30C型车载式混凝土湿喷台车(图9-9),具有两节臂转动伸缩,最大喷射高度16m,一次工作长度2m。汽车底盘,四轮驱动、两轮转向,充气轮胎。

CHP30C湿喷台车采用成熟的汽车底盘,使底盘性能更稳定、更可靠,机动性强、转场方便,兼顾多个掌子面。

湖南五新重装车载式湿喷机动画演示

CHP30C湿喷台车采用油电双动力系统,在隧道内工作时,使用电力驱动,减少尾气排放,降低施工成本;电力意外中断时,可使用汽车发动机驱动,收回臂架、支腿、洗车,迅速撤离现场,确保不干扰施工现场。

图9-9 CHP30C型车载式混凝土湿喷台车

CHP30C湿喷台车泵送管路变径少、软管少,阻力小,能适应机制砂、河沙等不同原材料,不易发生堵管。

CHP30C湿喷台车外加剂量根据泵送排量实时自动调节,添加剂配比一般在3%~5%,可减少消耗,降低施工成本。

2) 技术参数

CHP30C型车载式混凝土湿喷台车主要技术参数见表9-1。

CHP30C型车载式混凝土湿喷台车主要技术参数　　表9-1

总体参数	
行走方式	自行式
发动机型号	ISDE23040
发动机功率	169kW
电动机额定功率	55+22kW
最大行驶速度	80km/h

续上表

总体参数	
最小转弯半径	20m
最大爬坡能力	15°
最小离地间隙	255mm
制动距离	12.5m(50km/h)
理论最大喷射能力	30m³/h
外形尺寸(长×宽×高)	9300mm×2500mm×3800mm
自重	15500kg
泵送系统参数	
工作驱动方式	液压活塞式
泵缸方向、缸径、缸行程	纵向后置、200mm、1000mm
外形尺寸(长×宽×高)	9300mm×2500mm×3800mm
油缸数量	2
输送管径	$\phi180 \sim \phi80$mm，变径
最大骨料直径	16mm
料斗容积	0.3m³
混凝土最大出口压力	60bar
底盘参数	
底盘型号	东风 EQ1160OHD4GJ1 载货汽车底盘
轴距	4500mm
前桥轮距	1900mm
后桥轮距	1800mm
底盘参数	
轮胎型号	10.00-20
轮胎直径	1000mm
驱动方式	后轮驱动
转向	前轮转向
湿喷台车参数	
骨架结构形式	2段曲折式+2段伸缩式
喷射高度	(-)6~15m
喷射宽度	±12m
大臂俯仰角	0°~70°
小臂俯仰角	-110°~20°
臂架回转角度	360°

续上表

湿喷台车参数	
喷头座轴向回转	360°
喷头座轴向摆动	360°
喷头偏转角刷动	8×360°无线连接
添加剂系统参数	
添加剂泵型号	SED12
驱动方式	马达驱动
添加剂最大压力	20bar
理论添加剂最大排量	14.4L/min
添加剂箱容积	1000L
清洗系统	
型号	BZ-320
形式	柱塞式,马达驱动,带清洗水管15m和水枪
最大输出压力	80bar
理论输出流量	20L/min
水箱容积	300L
空压机系统参数	
型号	ERC2075H
功率	75kW
形式	滑片式
电机电压	380V
排气量	10m³/min
工作排气压力	10bar

9.1.3 长沙科达 KC30 型混凝土湿喷台车

KC30 型混凝土湿喷台车如图 9-10 所示。

1) 主要特点

(1) 折叠式智能型机械手适用于长距离、大高度湿喷场地。

(2) 机械手大臂和小臂动作互不干扰。

(3) 智能喷射操作,喷射准确性高,添加剂配比范围宽,喷射回弹率小。

(4) 四轮驱动,配合四轮同向转向和可旋转驾驶室。

(5) 无线遥控,遥控所有喷浆动作,随时调配添加剂配合比。

(6) 整机结构紧凑,转弯半径小,适用于施工空间范围受限的场地。

2) 技术参数

KC30 型湿喷台车主要技术参数见表 9-2。

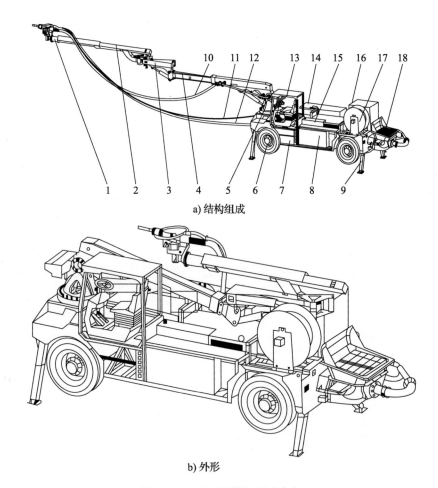

图 9-10 KC30 型混凝土湿喷台车

1-喷头总成;2-小臂;3-中臂;4 大臂;5-回转机构;6-行驶系统;7-液态添加剂计量泵送装置和高压清洗机(带水枪);8-电控柜;9-支腿总成;10-输送管路;11-速凝剂输送管路;12-高压空气输送管;13-驾驶室;14-空压机;15-液压油箱及风扇;16-速凝剂箱;17-电缆盘;18-泵送系统

KC30 型湿喷台车主要技术参数 表 9-2

项目	技术参数		
基本参数	整机质量(kg)		约 17000
	外形尺寸(长×宽×高,mm×mm×mm)		行驶:8300×2450×3200 运输:8300×2900×3200
	作业范围(宽×高,mm×mm)		30000×16800
主机	发动机	型号	4BTA3.9-C110
		生产厂家	东风康明斯
		额定功率(kW,r/min)	82,2200
		废气排放标准	按照欧洲越野工程车辆柴油发动机排放标准 TIER Ⅲ(越野工程车辆柴油机欧 3 标准)

续上表

项 目			技 术 参 数
主机	驱动、转向方式		四轮驱动,四轮转向
	变速箱型号及生产厂家		357/Spicer
	爬坡能力(%)		46
	转弯半径(m)		内侧2.6,外侧6.1
	最高时速(km/h)		18
	最小离地间隙(mm)		558
	驾驶室	满足防落石要求	安装司机室顶棚,不装前后风挡玻璃和门窗
		防侧翻安全标准	
混凝土泵	生产厂家		长沙科达
	形式及功率(kW)		液压驱动的长行程活塞式混凝土泵,自动快速切换的S-管阀,料斗带振动筛格
	排量(m³/h)		4~30
	可泵送混凝土规格	混凝土坍落度(cm)	16~18
		最大骨料粒径(mm)	16
	喷射混凝土骨料粒径(mm)		最大13
	混凝土泵送压力(MPa)		7.5
	混凝土缸径(mm)		ϕ180
	混凝土行程(mm)		1000
	主油缸直径(mm)		100
	料斗容积(m³)		0.55
	料斗上料高度(m)		1.3
	配备电动振捣器和搅动器,底开式卸料闸门		
混凝土喷射台车	结构形式		全液压伸缩和回转喷射臂,无线遥控操纵,自动平行系统使小臂(前臂)在大臂仰俯时自动保持平行
	最大有效工作范围(m)	向上	16.8
		向前	15
		向下	8
		宽度	30
	最小有效工作范围(m)	向上	4
	大臂回转角度(°)		270
	大臂俯仰范围(°)		83(向上60/向下23)
	大臂伸缩范围(mm)		2000
	小臂回转角度(°)		左180/右60
	小臂俯仰范围(°)		92(向上30/向下62)

续上表

项　目		技　术　参　数	
混凝土喷射台车		小臂伸缩范围(mm)	2000
		喷嘴座轴向回转范围(°)	360
		喷嘴座轴向摆动范围(°)	240
		输送管径(mm)	$\phi80$
		输送管清洗方式	送水、泵送清洗球、反抽
液压系统	主油泵	形式及生产厂家	轴向柱塞泵、博世
		型号	RA4VG125 型
		额定压力(MPa)	21
		排量(L/min)	187
	辅助油泵	形式	斜盘柱塞泵
		型号	R.A10VO28DR
		额定压力(MPa)	19
		排量(L/min)	40
		油箱容量(L)	400
空压机		生产厂家	中山艾能机械
		型号	AP375E-CSKD
		形式	电动螺杆式
		所配电机功率(kW)	60
		供风量(m^3/min)	10.6,误差 ±5%
		风压(MPa)	0.7
速凝剂自动配料系统		生产厂家	长沙科达
		形式	液压驱动
		输送压力(MPa)	1.2
		计量/输送能力(m^3/h)	1.2
		调节精度(%)	±1.00
		电动机(kW)	55
		系统设定压力(MPa)	21
遥控器		控制方式	无线控制
		具体配置	HBC/海德
电缆卷盘		型号及生产厂家	JYD300-50-5、岳阳格瑞特机械
		驱动方式	液压马达
		电缆规格及长度	$3\times95mm^2+2\times35mm^2$/50m
		外接电源要求	标准 $3\times380V$,误差 ±5%/50Hz
高压清洗水泵		型号及生产厂家	Q3W-FH-(4)150、苏州黑猫集团
		最大输出水压(MPa)	14

续上表

项　目		技　术　参　数
高压清洗水泵	输出流量(L/min)	14
	水箱容积(L)	约200
	水泵转速(L/min)	2900
	额定功率(kW)	4
	水管长度(m)	15
电气系统工作灯	防护等级	IP55
	工作臂型号	ZY73-TD150W
	料斗照明灯	TY071 直流 24V ×2
	辅助工作灯	LP206A 直流 24V

9.2　国外主要混凝土湿喷台车

9.2.1　意大利 CIFA CSS-3 型混凝土湿喷台车

1) 概况

CSS-3 型混凝土湿喷台车(图 9-11)适用于隧道全断面、道路边坡、地下工程、基坑等混凝土喷射支护作业。适应工作环境温度 -15℃ ~ +45℃，适应海拔高度不大于 4500m，适用于多尘潮湿的隧道。

2) 主要特点

CSS-3 型混凝土湿喷台车技术特点为：双转台系统，三节 Z 形折臂，可水平和垂直两轴旋转，并可在底盘上沿纵向滑移；前置全封闭驾驶室，可反转 180°操作台；双动力系统(电动或柴油)；支腿自动调平系统；无线或有线遥控；液动 Uniflux H1.0 添加剂自动控制系统；静液压传动底盘，四轮驱动、四轮转向；最小施工高度 3.2m，最小进出宽度 2.45m，能在各种小型隧道中作业。CSS-3 型湿喷台车侧向作业如图 9-12 所示。

图 9-11　CSS-3 型混凝土湿喷台车

图 9-12　CSS-3 型混凝土湿喷台车侧向作业

3）技术参数

CSS-3 型混凝土湿喷台车主要技术参数见表 9-3。

CSS-3 型混凝土湿喷台车主要技术参数　　表 9-3

总体参数		
	质量	16000kg
	外形尺寸(长×宽×高)	9980mm×2450mm×3100mm(有空压机,喷嘴带刷动功能)
	理论最大喷射能力	$30m^3/h$
	作业动力	双动力作业(柴油机和电动机)
	最大喷射高度(喷射距离1.5m)	17.26m
	电动机作业总功率	134kW(75kW+55kW+2kW+2kW)
底盘		
	底盘型号	Shotruck 2
	生产厂家	CIFA 公司
柴油机	型号	D914L05
	形式	5缸风冷柴油机
	生产厂家	德国道依茨
	额定功率	72.5kW@2300r/min
	废气排放标准	欧Ⅲ A 和美国 EPA Tier Ⅲ
	传动	静液压传动(扭矩自适应控制),4轮驱动
	转向	3种转向方式(前轮转向、蟹形转向、汇聚转向)
	制动	液压双回路湿式制动
	变速箱厂家和型号	德纳,357(2个挡位)
	驱动桥厂家和型号	德纳,212
	底盘驱动油泵厂家	林德、力士乐
	底盘驱动油马达厂家	林德、力士乐
	爬坡能力	35%
	转弯半径	内侧2.6m,外侧6.5m
	最高时速	22km/h
	离地间隙	300mm
	接近角	16.5°
	离去角	18.5°
	驾驶室	意大利 METAL-CAR 公司专业驾驶室,全封闭结构,满足联邦道路安全局(FORS)标准
	座椅	可翻转180°,双向驾驶
	轮胎	工程越野真空轮胎16/70-20(无内胎)
	液压支腿	前后4支腿,具有一键伸缩及自动调平功能

续上表

混凝土泵		
型号		PAS 307
形式		双活塞式,S-管阀
理论最大喷射能力		30m³/h
最大泵送频率		16 次/min
泵送混凝土坍落度		10~22(16~20 最佳)
最大骨料直径		20mm
混凝土缸(缸径×行程)		200mm×1000mm
混凝土输送压力		65bar
料斗容积		0.3m³
料斗上料高度		1450mm(轮胎处于离开地面的临界状态)
料斗振动器		电动
料斗卸料门		底开式,液压驱动
泵送单元润滑方式		自动润滑
湿喷台车		
结构形式		可滑移双转台,3 节 Z 形臂架
湿喷台车喷射范围(喷射距离取 1.5m,轮胎处于离开地面的临界状态)	向上喷射高度	17260mm
	向前喷射距离	15500mm
	向下喷射深度	7830mm(停机面以下深度)
转台滑移距离		2730mm
臂架最小展开高度		3200mm
转台水平旋转角度		±180°
转台垂直旋转角度		±180°
一节臂俯仰角度		-5°~90°
二节臂俯仰角度		0°~180°
三节臂俯仰角度		0°~270°
三节臂伸缩距离		1.8m
喷头上下摆动角度		0°~180°
喷头左右摆动角度		±90°
一节臂长度		4.2m
二节臂长度		2.5m
三节臂长度		3.5m
输送管通径		76mm
输送管清洗方式(2 种)		水洗、气洗

续上表

液压系统		
作业动力		双动力(电动机、柴油机)
作业电动机厂家		ABB
作业电动机型号、功率		M2QA 250 M4A B3,55kW
作业电动机防护等级		IP55
泵送油泵	生产厂家	SAMHYDRAULIK
	型号	H1V75
	额定压力	26MPa
	排量	75mL/r
臂架油泵	生产厂家	Bosch Rexroth
	型号	A2FO23
	额定压力	30MPa
	排量	23mL/r
臂架多路阀	生产厂家	HAWE
	控制方式	电液比例控制,无级调速
空压机		
生产厂家		意大利玛泰
型号		ERC 3080L
形式		滑片式
电动机功率		75kW
供风量		11.5m^3/min
风压		7.5bar
空压机润滑油容量		37L
添加剂计量系统 Uniflux H1.0		
计量泵形式		蠕动泵
蠕动泵厂家		ACME
蠕动泵型号		ASP25FX
驱动方式		液压驱动
最大输出压力		13bar
流量调节范围		1~24L/min
添加剂箱容积		2×1000L
电缆卷盘		
生产厂家		德国康稳(CONDUCTIX WAMPFLER)
型号		NAMI-S
驱动方式		液压驱动
电缆规格		FG70RPu TUNNEL FEX 3×95+3G16

续上表

电缆卷盘	
电缆长度	100m
外接电源要求	380~420V(交流电)
清洗系统	
生产厂家	UDOR
型号	PNC 13/12S
驱动方式	液压马达
最大输出压力	120bar
理论输出流量	16L/min
水管长度	15m
水箱容积	600L
遥控器	
生产厂家	德国海德(HETRONIC)
型号	BMS2
类型	无线/有线二合一遥控器,数量2个
控制线	长度20m,数量1根
电气系统	
湿喷台车照明灯	氙气灯,6×45W-4800lm
探料灯	角度上下可调
控制器	IFM,中文操作界面
防护等级	关键元器件达到IP65
安全、环保、舒适性	
安全性	整车设计执行欧盟关于职业健康与环境保护的标准,高于我国标准
噪声	114dB
其他配置	
手动喷雾器	容量10L

4) CSS-3型混凝土湿喷台车在隧道顶圆弧面中作业(图9-13)

CSS-3型湿喷台车通过垂直回转支承转台的旋转,带动喷射臂架绕垂直回转支承中心旋转,使喷射轨迹可仿圆弧运动,使弧面喷射作业操作更简单,定位更准确。

5) CSS-3型混凝土湿喷台车在后部实施直线喷射作业的优势

喷嘴对好喷射面,移动滑移平台(图9-14),就可实现喷射作业,操作更简单;整臂架可实现不同高度的喷射,喷射面积更大。

6) CSS-3型混凝土湿喷台车性价比优势

CSS-3型混凝土湿喷台车采用道依茨5缸风冷发动机,2300r/min时功率72.5kW,四轮驱动模式,拥有强大的越野能力。最大行驶速度为27km/h,座椅可反转180°,方便后退和前

图 9-13　CSS-3 型混凝土湿喷台车
在隧道顶圆弧面中作业

图 9-14　CSS-3 型混凝土湿喷台车移动滑移平台

进,而不必掉头。座椅反转后,转向系统自动更改,操作人员不用担心方向盘是否打反。

底盘配有 3 种转向模式,即前轮转向、蟹形转向、汇聚转向,适应任何复杂工况。

支腿自动调平系统,一柄可实现操作;电动自动润滑系统,润滑更有保证;电、柴双动力系统,可提高喷射工作装置动力选择和保障能力;前置全封闭驾驶室,全钢板封闭机身,设计更人性化;液压、电器元件均采用如力士乐、丹弗斯等世界一流品牌产品。

高效的泵送单元可使喷射速度达到 30m³/h,混凝土出口压力 65bar,泵送频率 16 次/min,并具备多种耦合方式,可实现柴电双驱动喷射方式,以满足不同场地的要求。独有的外添加剂配料系统,可根据喷射速度变化自动调节添加剂剂量。计量系统精准,全自动添加液体添加剂,有利于成本节约控制。

与人工相比,喷射效率高出 4~10 倍,回弹率降低 20%~30%,添加剂混合比高出 4%,经济效益可达 100 元/m³。

7)施工情况

CSS-3 型混凝土湿喷台车施工情况如图 9-15 所示。

图 9-15　CSS-3 型混凝土湿喷台车施工

9.2.2 德国普茨迈斯特 PM500 型混凝土湿喷台车

普茨迈斯特是世界著名的混凝土施工系列设备制造商,其混凝土喷射设备是引领隧道施工工艺的一款重要产品。其中,PM500 型混凝土湿喷台车具体长臂架、大排量等特点。如图 9-16 所示,其最大喷射高度达 17m。

图 9-16 PM500 型混凝土湿喷台车

普茨迈斯特 PM500 型混凝土湿喷台车拥有业界首创五边形大截面液压伸缩臂,结合整体式钢结构底架,使臂架动作较平稳;喷头部分由 3 个马达分别驱动,围绕臂架 360°旋转,240°摆动喷涂,作业盲区小,反应灵敏,施工定位更简单;混凝土泵专用喷涂设计,保证了泵的高性能、低震动和易损件的长寿命;智能的操作系统与极低的混凝土回弹率,降低了湿喷台车操作人员的劳动强度;严格控制的粉尘污染,为喷射操作人员提供了健康的作业环境。

1) 主要特点

PM500 型湿喷台车两节臂转动伸缩,最大喷射高度为 16m,一次工作长度 2~4m,单向驾驶。自制刚性底盘,四轮驱动,四轮转向,充气轮胎,系列化产品较多。

2) 技术参数

PM500 型混凝土湿喷台车主要技术参数见表 9-4。

PM500 型混凝土湿喷台车主要技术参数   表 9-4

总体参数		
质量		15000kg
外形尺寸(长×宽×高)		7850mm×2900mm×3512mm
理论最大喷射能力		30m³/h
底盘		
底盘型号		ML500
生产厂家		Lorenzana SA
柴油机	型号	BF4M2012
	形式	4 缸水冷、4 行程涡轮增压、柴油机
	生产厂家	德国道依茨
	额定功率	75kW、2300r/min
	废气排放标准	欧 Ⅱ

续上表

底盘	
传动	静液压传动(自动调节),四轮驱动
转向	四轮转向
刹车系统	液压动作、多碟盘油浴式四轮制动,前后轴独立油路制动系统,盘式驻车制动
爬坡能力	25°
转弯半径	内侧2.6m,外侧6.1m
行驶挡位、速度	两挡,0~18km/h
液压支腿	4个斜撑式支腿
混凝土泵	
型号	BSA1005
形式	液压驱动活塞式,S-管阀,料斗带振动筛格和应急停机开关
理论最大喷射能力	$30m^3/h$
最大骨料直径	泵送和输送:20mm;喷射:16mm
液压油缸(缸径×杆径×行程)	$\phi110mm \times \phi63mm \times 1000mm$
混凝土缸(缸径×行程)	$\phi180mm \times 1000mm$
混凝土输送压力	65bar
料斗容积	300L
料斗上料高度	1285mm
料斗振动器	电动
料斗卸料门	底开式,液压驱动
泵送单元润滑方式	手动集中润滑
湿喷台车		
结构形式		液压驱动
湿喷台车喷射范围(喷射距离取1m,轮胎处于离开地面的临界状态)	向上喷射高度	16.1m
	向前喷射距离	14.3m
	向下喷射深度	8.7m
	最小可喷射作业隧洞高度	4m
大臂回转角度		360°
限位后转		252°
大臂俯仰角度		90°(向上60°/向下30°)
前臂回转		左180°/右62°
前臂伸缩		2000mm
前臂仰俯		90°
喷嘴座轴向回转		360°

续上表

湿喷台车	
喷嘴座轴向摆动	240°
喷嘴偏转角×刷动	8°×360°无限连续,60r/min
控制电压	24V(直流电)
控制电缆	15m
液压动力装置	
电动机	55kW、1500r/min
液压泵	Hydromatic 轴向柱塞泵,R A4VG125 型
工作压力	最大40MPa,限压22MPa
输出流量	187L/min
作业电动机防护等级	IP55
液压油箱	380L,配输出和回油滤清器
空压机	
生产厂家	Betico
型号	PM77
形式	电驱动
电动机功率	75kW
供风量	12m^3/min
风压	7bar
添加剂系统	
计量泵形式	Delasco 18 型液压驱动凸轮转子软管泵
型号	Aliva-403.5
电动机	1.1kW 变频调速
最大输出压力	15bar
计量/输送能力	30~700L/h
添加剂箱容积	1000L
电缆卷筒	
形式	液压油马达驱动;在电缆重5kg/m、外径ϕ50mm时,最长可缠绕100m电缆
电缆长度	50m(可选购100m)
电流负荷	400A
外接电源要求	标准3×400(1±5%)V/50Hz
清洗系统	
型号	Pk 15.20H
驱动方式	柱塞式,电机驱动
最大输出压力	200bar
理论输出流量	15L/min
水箱容积	195L

3）施工情况

PM500 型混凝土湿喷台车施工情况如图 9-17 所示。

图 9-17　PM500 型混凝土湿喷台车施工

附录 规范摘编

附录一 岩土锚杆与喷射混凝土支护工程技术规范(GB 50086—2015)

1~5 略。

6 喷射混凝土

6.1 一般规定

6.1.1 喷射混凝土适用于隧道、洞室、边坡和基坑等工程的支护或面层防护。

6.1.2 喷射混凝土的设计强度等级不应低于C20;用于大型洞室及特殊条件下的工程支护时,其设计强度等级不宜低于C25。

6.1.3 喷射混凝土厚度设计应满足隧洞洞室工程稳定要求及对不稳定危石冲切效应的抗力要求,最小设计厚度不得小于50mm。

6.1.4 开挖后呈现明显塑性流变或高应力易发生岩爆的岩体中的隧洞、受采动影响、高速水流冲刷或矿石冲击磨损的隧洞和竖井,宜采用喷射钢纤维混凝土支护。

6.1.5 大断面隧道及大型洞室喷射混凝土支护,应采用湿拌喷射法施工;矿山井巷、小断面隧洞及露天工程喷射混凝土支护,可采用骨料含水率5%~6%的干拌(半湿拌)喷射法施工。

6.2 原材料

6.2.1 水泥宜采用硅酸盐水泥或普通硅酸盐水泥,水泥质量应符合现行国家标准《硅酸盐水泥、普通硅酸盐水泥》(GB 175)的有关规定。有特殊要求时,可采用特种水泥。

6.2.2 骨料应符合下列规定:

(1)粗骨料应选用坚硬耐久的卵石或碎石,粒径不宜大于12mm;当使用碱性速凝剂时,不得使用含有活性二氧化硅的石料;

(2)细骨料应选用坚硬耐久的中砂或粗砂,细度模数宜大于2.5;干拌法喷射时,骨料的含水率应保持恒定并不大于6%;

(3)喷射混凝土骨料级配宜控制在表6.2.2数据范围内。

6.2.3 拌和水应符合本规范第4.4.6条的规定。

6.2.4 喷射混凝土速凝剂应符合下列规定:

(1)掺加正常用量速凝剂的水泥净浆初凝不应大于3min,终凝不应大于12min;

(2)加速凝剂的喷射混凝土试件,28d强度不应低于不加速凝剂强度的90%;

喷射混凝土骨料通过各筛径的累计质量百分率(%)　　表6.2.2

骨料粒径(mm) 项目	0.15	0.30	0.60	1.20	2.50	5.00	10.00	15.00
优	5~7	10~15	17~22	23~31	35~43	50~60	73~82	100
良	4~8	5~22	13~31	18~41	26~54	40~70	62~90	100

(3)宜用无碱或低碱型速凝剂。

6.2.5 喷射混凝土中的矿物掺合料,应符合下列规定:

(1)粉煤灰的品质应符合现行国家标准《用于水泥和混凝土中的粉煤灰》GB 1596 的有关规定。粉煤灰的级别不应低于Ⅱ级,烧失量不应大于5%;

(2)硅粉的品质应符合现行国家标准《电炉回收二氧化硅微粉》GB/T 21236 及表 6.2.5 的要求;

硅粉质量控制指标要求　　表6.2.5

项目	指标
比表面积(m^2/kg)	≥15000
二氧化硅含量(%)	≥85

(3)粒化高炉矿渣粉的品质应符合现行国家标准《用于水泥和混凝土中粒化高炉矿渣粉》GB/T 18046 的有关规定。

6.2.6 纤维喷射混凝土用钢纤维及合成纤维应符合下列规定:

(1)钢纤维的抗拉强度宜不低于 $1000N/mm^2$,直径宜为 0.40~0.80mm,长度宜为 25~35mm,并不得大于混合料输送管内径的 0.7 倍,长径比为 35~80;

(2)合成纤维的抗拉强度不应低于 $280N/mm^2$,直径宜为 10~100μm,长度宜为 4μm~25mm。

6.2.7 喷射混凝土中各类材料的总碱量(Na_2O 当量)不得大于 $3kg/m^3$;氯离子含量不应超过胶凝材料总量的 0.1%。

6.3 设计

Ⅰ 喷射混凝土设计

6.3.1 喷射混凝土 1d 龄期的抗压强度不应低于 $8N/mm^2$;28d 龄期的抗压强度不应低于 $20N/mm^2$。

6.3.2 不同强度等级的喷射混凝土的设计强度应按表6.3.2采用。

喷射混凝土的设计强度值(N/mm^2)　　表6.3.2

喷射混凝土强度等级 强度种类	C20	C25	C30	C35	C40
轴心抗压 f_c	9.6	11.9	14.3	16.7	19.1
轴心抗拉 f_t	1.1	1.27	1.43	1.57	1.71

6.3.3 喷射混凝土与岩石或混凝土基底间的最小黏结强度应符合表6.3.3规定。黏结强度的试验方法应符合本规范附录M的规定。

喷射混凝土与岩石或混凝土基底间的最小黏结强度（N/mm²） 表6.3.3

黏结类型	与岩石的最小黏结强度	与混凝土的最小黏结强度
结构作用型	0.8	1.0
防护作用型	0.2	0.5

注：表中黏结强度系三个试件龄期28d的平均值，其中黏结强度较低的不得低于表中要求值的75%。

6.3.4 喷射混凝土的体积密度可取 $2200\sim2300kg/m^3$，弹性模量可按表6.3.4采用。

喷射混凝土的弹性模量（N/mm²） 表6.3.4

喷射混凝土强度等级	弹 性 模 量	喷射混凝土强度等级	弹 性 模 量
C20	2.3×10^4	C35	3.0×10^4
C25	2.6×10^4	C40	3.15×10^4
C30	2.8×10^4		

6.3.5 喷射钢纤维混凝土或喷射混凝土用于含有大范围黏土的剪切带、高塑性流变或高应力岩层时，其抗弯强度不应小于表6.3.5的规定。抗弯强度试验的方法应符合本规范附录N的规定。

喷射混凝土的最小抗弯强度（MPa） 表6.3.5

抗压强度等级	C30	C35	C40
抗弯强度	3.4	4.0	4.4

6.3.6 处于大变形隧洞中的喷锚支护工程，宜采用具有高韧性的喷射钢纤维混凝土。喷射钢纤维混凝土的残余抗弯强度（韧性）试验方法及其不同残余抗弯强度等级的最小抗弯强度要求应符合本规范附录P的规定。

6.3.7 喷射混凝土的抗渗等级不应小于P6，当设计有特殊要求时，可通过调整材料的配合比，或掺加外加剂、掺合料配制出高于P6的喷射混凝土。

6.3.8 处于有严重冻融侵蚀的永久性喷射混凝土工程，喷射混凝土的抗冻融循环能力不应小于200次。

6.3.9 处于侵蚀性介质中的永久性喷射混凝土工程，应采用由耐侵蚀水泥配制的喷射混凝土。

6.3.10 喷射混凝土支护的设计厚度，不应小于50mm。含水岩层中的喷射混凝土支护设计厚度不应小于80mm。钢筋网喷射混凝土支护设计厚度不应小于80mm。

6.3.11 喷射混凝土中钢筋网的设计应符合下列规定：
（1）钢筋网材料宜采用HPR300钢筋，钢筋直径宜为6~12mm；
（2）钢筋间距宜为150~300mm；
（3）当喷射混凝土层设计厚度大于150mm，宜设置双层钢筋网；
（4）钢筋保护层厚度不应小于20mm。

6.3.12 下列情况下的隧洞工程,宜采用钢架喷射混凝土支护:
(1)围岩自稳时间很短,在喷射混凝土或锚杆的支护作用发挥前就要求工作面稳定时;
(2)Ⅳ、Ⅴ级围岩中的大断面隧洞及高挤压、大流变岩体中的隧洞工程;
(3)土质隧洞。

6.3.13 钢架喷射混凝土支护的设计应符合下列规定:
(1)刚性钢架可用型钢拱架或由钢筋焊接成的格栅拱架;
(2)可缩性钢架宜选用U型钢钢架,采用可缩性钢架时喷射混凝土层宜在可缩性节点处设置伸缩缝;
(3)钢架间距不宜大于1.20m,钢架之间应设置纵向钢拉杆钢架的立柱,埋入地坪下的深度不应小于250mm;
(4)覆盖钢架的喷射混凝土保护层厚度不应小于40mm。

6.3.14 喷射混凝土用于边坡工程,宜设置伸缩缝,伸缩缝宽20mm,间距不宜大于30m。

Ⅱ 混合料配合比设计

6.3.15 混合料配合比设计应符合下列规定:
(1)胶凝材料总量不宜小于400kg/m^3;
(2)水泥用量不宜小于300kg/m^3;
(3)矿物外掺量总量不宜大于胶凝材料总量的40%;
(4)干拌法混合时水胶比不宜大于0.45,湿拌法混合时水胶比不宜大于0.55,用于有侵蚀介质的地层时,水胶比不得大于0.45;湿拌法混合料的坍落度不宜小于10cm;
(5)胶凝材料与骨料比宜为1:4.0~1:4.5;
(6)砂率宜为50%~60%;
(7)喷射钢纤维混凝土的混合料宜掺加抗拉强度不低于1000MPa钢纤维,钢纤维掺量不宜小于25kg/m^3;
(8)需掺加硅粉的混合料,硅粉的掺量宜为硅酸盐水泥重量的5%~10%。

6.3.16 喷射钢纤维混凝土的混合料应符合下列规定:
(1)水泥强度等级不宜低于42.5MPa,骨料粒径不宜大于10mm;
(2)钢纤维不得有明显的锈蚀和油渍及其他妨碍钢纤维与水泥黏结的杂质,钢纤维内含有黏连片铁屑及杂质的总重量不应超过钢纤维重量的1%。

6.4 施工

Ⅰ 施工设备

6.4.1 干拌法喷射混凝土机的性能应符合下列要求:
(1)密封性能应良好,输料应连续均匀;
(2)生产能力(混合料)应为3~5m^3/h,允许输送的骨料最大粒径应为20mm;
(3)输送距离(混合料)水平不应小于100m,垂直不应小于30m。

6.4.2 **湿拌法喷射混凝土机**的性能应符合下列要求:
(1)密封性能应良好,输料应连续均匀;
(2)生产率应大于5m^3/h,允许骨料最大粒径应为15mm;

(3)混凝土输料距离水平不应小于30m,垂直不应小于20m;

(4)机旁粉尘应小于10mg/m³。

6.4.3 干拌法喷射混凝土用空气压缩机的供风量不应小于9m³/min;泵送型湿拌喷射混凝土用空气压缩机的供风量不应小于4m³/min;风送型湿拌混凝土机的供风量不应小于12m³/min;空气压缩机应具有完善的油水分离系统,压缩空气出口温度不应大于40℃。

6.4.4 输料管应能承受0.8MPa以上的压力,并应有良好的耐磨性能。

6.4.5 干拌法喷射混凝土施工供水设施应满足喷头处的水压不小于0.15MPa。

Ⅱ 混合料搅拌

6.4.6 混合料搅拌前,应按混合料配比对各种原材料严格称重并应满足表6.4.6的要求。

原材料的允许偏差   表6.4.6

名　称	允　许　偏　差
胶凝材料、外加剂、钢纤维	2%(重量)
骨料	3%(重量)
钢纤维长度	5%(纤维长度)

6.4.7 混合料应采用机械搅拌,所采用的材料应拌和均匀。搅拌时间不得少于120s,湿拌混合料的搅拌宜在工厂或现场专门的混凝土搅拌站完成。

6.4.8 掺入钢纤维的混合料,钢纤维应分布均匀,不得成团,宜采用黏结成排的钢纤维。

Ⅲ 喷射作业

6.4.9 喷射作业现场应做好下列准备工作:

(1)拆除作业面障碍物,清除开挖面的浮石、泥浆、回弹物及岩渣堆积物;

(2)埋设控制喷射混凝土厚度的标志(厚度控制钉、喷射线);

(3)喷射机司机与喷射手不能直接联系时应配备联络装置;

(4)作业区应有良好的通风和足够的照明装置;

(5)喷射作业前应对机械设备、风水管路、输料管路和电缆线路等进行全面检查及试运转。

6.4.10 受喷面有滴水淋水时喷射前应按下列方法做好治水工作:

(1)有明显出水点时可埋设导管排水;

(2)导水效果不好的含水岩层可设盲沟排水;

(3)竖井淋帮水可设截水圈排水;

(4)采用湿拌法喷射时宜备有液态速凝剂并应检查速凝剂的泵送及计量装置性能。

6.4.11 喷射作业应符合下列规定:

(1)喷射作业应分段分片进行,喷射顺序应由上而下;

(2)对受喷岩面应用压力水预先湿润,对遇水易潮解的岩层可用压风清除岩面的松石、浮渣和尘埃;

(3)在大面积喷射作业前应先对岩面上出露的空洞、凹穴和较宽的张开裂隙进行喷射混凝土充填；

(4)喷嘴指向与受喷面应保持90°夹角；

(5)喷嘴与受喷面的距离不宜大于1.5m；

(6)素喷混凝土一次喷射厚度应符合表6.4.11的规定。

素喷混凝土一次喷射厚度(mm) 表6.4.11

喷射方法	部位	掺速凝剂	不掺速凝剂
干拌法	边墙	70~100	50~70
	拱部	50~60	30~40
湿拌法	边墙	80~150	—
	拱部	60~100	—

(7)分层喷射时，后层喷射应在前层混凝土终凝后进行，若终凝1h后进行喷射，则应先用风水清洗喷层表面；

(8)喷射作业紧跟开挖工作面时，下一循环爆破作业应在混凝土终凝3h后进行。

6.4.12 施工喷射混凝土面层的环境条件应符合下列要求：

(1)在强风条件下不宜进行喷射作业，或应采取防护措施；

(2)永久性喷射混凝土喷射作业宜避开炎热天气，适宜于喷射作业的环境温度及喷射混凝土表面蒸发量应符合表6.4.12的要求。

环境温度与喷射混凝土表面蒸发量 表6.4.12

项目	容许范围	项目	容许范围
环境温度	5~35℃	喷层表面蒸发量	<1.0kg/(m²·h)
混合料温度	10~30℃		

6.4.13 喷射混凝土混合料拌制后至喷射间的最长间隔时间应符合表6.4.13的规定。

混合料拌制后至喷射的最长间隔时间 表6.4.13

拌制方法	拌制时混合料中有无速凝剂	环境温度(℃)	喷射前混合料最长停放时间(min)
湿拌	无	5~30	120
	无	>30~35	60
	有	5~30	20
干拌	无	5~30	90
	有	>30~35	10
	无	>30~35	45

6.4.14 在喷射过程中，应对分层、蜂窝、疏松、空隙或砂囊等缺陷加以铲除和修复处理。

6.4.15 喷射混凝土养护应符合下列规定：

(1)宜采用喷水养护，也可采用薄膜覆盖养护；喷水养护应在喷射混凝土终凝后2h进

行,养护时间不应少于5d;

(2)气温低于+5℃时不得喷水养护。

6.4.16 喷射混凝土冬期施工应符合下列规定:

(1)喷射作业区的气温不应低于5℃。

(2)混合料进入喷射机的温度不应低于5℃。

(3)喷射混凝土强度在下列情况时不得受冻:

①普通硅酸盐水泥配制的喷射混凝土低于设计强度的30%时;

②矿渣水泥配制的喷射混凝土低于设计强度的40%时。

(4)不得在冻结面上喷射混凝土,也不宜在受喷面温度低于2℃时喷射混凝土。

(5)喷射混凝土冬期施工的防寒保护可用毯子或在封闭的帐篷内加温等措施。

6.4.17 钢筋网喷射混凝土中的施工应符合下列规定:

(1)钢筋使用前应清除污锈;

(2)钢筋网宜在受喷面喷射一层混凝土后铺设,钢筋与壁面的间隙宜为30mm;

(3)采用双层钢筋网时,第二层钢筋网应在第一层钢筋网被混凝土覆盖后铺设;

(4)钢筋网应与锚杆或其他锚定装置联结牢固,喷射时钢筋不得晃动;

(5)喷射时应适当减小喷头与受喷面的距离;

(6)清除脱落在钢筋网上的疏松混凝土。

6.4.18 钢架喷射混凝土施工应符合下列规定:

(1)安装前应检查钢架制作质量是否符合设计要求;

(2)钢架安装允许偏差横向和垂直向均应为50mm,垂直度允许偏差应为±2°;

(3)钢架立柱埋入底板深度应符合设计要求,并不得置于浮渣上;

(4)钢架与壁面之间应楔紧,相邻钢架之间应连接牢靠;

(5)钢架与壁面之间的间隙应用喷射混凝土充填密实;

(6)喷射顺序应先喷射钢架与壁面之间的混凝土,后喷射钢架之间的混凝土;

(7)除可缩性钢架的可缩节点部位外,钢架应被喷射混凝土覆盖。

6.5 质量控制与检验

6.5.1 原材料与混合料的质量控制应符合下列规定:

(1)每批材料到达工地后应进行质量检查合格后方可使用;

(2)喷射混凝土混合料的配合比以及拌和的均匀性,每工作班检查次数不得少于两次,条件变化时应检查。

6.5.2 喷射混凝土厚度的检查应符合下列规定:

(1)控制喷层厚度应预埋厚度控制钉、喷射线;喷射混凝土厚度应采用钻孔法检查。

(2)喷层厚度检查点密度:结构性喷层为每$100m^2$/个,防护性喷层为$400m^2$/个,隧洞拱部喷层为每$50m^2$/个~$80m^2$/个;

(3)喷层厚度合格条件:用钻孔法检查的所有点中应有60%的喷层厚度不小于设计厚度,最小值不应小于设计厚度的60%,检查孔处喷层厚度的平均值不应小于设计厚度。

6.5.3 结构性喷射混凝土应进行抗压强度和黏结强度试验,必要时,尚应进行抗弯强度、残余抗弯强度(韧性)、抗冻性和抗渗性试验。喷射混凝土抗压强度和黏结强度试验的试件数量、试验方法及合格标准应遵守本规范第12.2节及附录M、附录N的有关规定。

6.5.4 喷射混凝土层的厚度、抗压强度、黏结强度、表面平整度和表面质量应符合本规范表14.2.3-2的规定。

6.6 施工安全与粉尘控制

6.6.1 喷射混凝土的施工安全应符合下列要求：

（1）施工前应认真检查和处理作业区的危石，施工机具应布置在安全地带；

（2）喷射混凝土施工用的工作台架应牢固可靠并应设置安全栏杆；

（3）施工中应定期检查电源线路和设备的电器部件；

（4）喷射作业中处理堵管时，应将输料管顺直，应紧接喷头，疏通管路的工作风压不得超过0.4MPa；

（5）非操作人员不得进入正在作业的区域，施工中喷头前方不得站人；

（6）喷射钢纤维混凝土施工中应采取措施，防止回弹物伤害操作人员。

6.6.2 采用干法喷射混凝土施工时宜采取下列综合防尘措施：

（1）在满足混合料能在管道内顺利输送和喷射的条件下增加骨料含水率；

（2）在距喷头3~4m输料管处增加一个水环，用双水环加水；

（3）在喷射机或混合料搅拌处设置集尘器或除尘器；

（4）在粉尘浓度较高地段设置除尘水幕；

（5）加强作业区的局部通风；

（6）采用增黏剂等外加剂。

6.6.3 喷射混凝土作业区的粉尘浓度不应大于$10mg/m^3$，喷射混凝土作业人员应采用个体防尘用具。

7~12.1 略。

12.2 喷射混凝土试验

Ⅰ 一般规定

12.2.1 喷射混凝土支护工程应进行喷射混凝土28d龄期抗压强度试验，地下工程喷射混凝土支护应进行1d龄期的抗压强度试验。工作环境有特殊要求的喷射混凝土工程，尚应进行抗渗、抗冻或耐腐蚀性试验。

12.2.2 喷射钢纤维混凝土尚应进行抗弯强度和抗拉强度试验，有特殊要求时应进行喷射钢纤维的残余抗弯强度（韧性）试验和抗冲击性能试验。

12.2.3 承担结构作用的喷射混凝土支护，应进行喷射混凝土与岩石间的黏结强度试验。

12.2.4 喷射混凝土强度试验应采取在喷射混凝土试验板上切割或钻芯成型的试件。

Ⅱ 抗压强度试验

12.2.5 检验喷射混凝土抗压强度所需的试件应在工程施工中制取，试块数量为每$500m^2$喷射混凝土取一组，小于$500m^2$喷射混凝土的独立工程不得少于一组，每组试块不得少于3个。材料或配合比变更时应另作一组。

12.2.6 检验喷射混凝土强度的标准试块应在不小于$450mm \times 450mm \times 120mm$的喷射混凝土试验板件上用切割法或钻芯法取得。喷射混凝土试验板件的制取方法应符合本规范附录L的规定。

12.2.7 采用切割法取得试件试验应符合下列规定：

(1)试件应为边长100mm的立方体；

(2)试件在标准养护条件下养护28d,用标准试验方法测得的极限抗压强度乘以0.95系数为试件的抗压强度值。

12.2.8 采用钻芯法取得的试件试验应符合下列规定：

(1)钻取的试件应为直径100mm,高100mm的圆柱状芯样,试件端面应在磨平机上磨平；

(2)试件在标准养护条件下养护28d,用标准试验方法测得试件的极限抗压强度,应按下式计算：

$$f_c = \frac{4P}{\pi D^2}$$

式中：f_c——喷射混凝土抗压强度；

　　　P——试件极限荷载；

　　　D——试件直径。

12.2.9 喷射混凝土抗压强度的评定验收应符合下列规定：

(1)同批喷射混凝土的抗压强度应以同批内标准试块的抗压强度代表值来评定；

(2)同组试块应在同板件上切割或钻芯制取,对有明显缺陷的试块应予舍弃；

(3)每组试块的抗压强度代表值为三个试块试验结果的平均值；当三个试块强度中的最大值或最小值之一与中间值之差超过中间值的15%时,可用中间值代表该组的强度；当三个试块强度中的最大值和最小值与中间值之差均超过中间值的15%,该组试块不应作为强度评定的依据；

(4)喷射混凝土质量合格标准应为：28d龄期抗压强度平均值大于设计值,且最低试验强度不小于设计强度的80%；

(5)喷射混凝土强度不符合要求时,应查明原因,采取补强措施。

Ⅲ 黏结强度试验

12.2.10 喷射混凝土与围岩间黏结强度试验方法应符合本规范附录M的要求。

12.2.11 试验取得的喷射混凝土与围岩黏结强度值应符合本规范第6.3.3条的规定。

Ⅳ 抗弯强度试验

12.2.12 喷射钢纤维混凝土与喷射混凝土的抗弯强度及残余抗弯强度试验方法应符合本规范附录N的要求。

12.2.13 喷射混凝土的抗弯强度值应符合本规范第6.3.5条的规定。

12.3~附录K 略。

附录L 喷射混凝土抗压强度标准试块制作方法

L.0.1 喷射混凝土抗压强度标准试块应采用从现场施工的喷射混凝土板件上切割或钻心法制取。最小模具尺寸应为450mm×450mm×120mm(长×宽×高),模具一侧边为敞开状。

L.0.2 标准试块制作应符合下列步骤：

(1) 在喷射作业面附近，将模具敞开一侧朝下，以80°(与水平面的夹角)左右置于墙脚。

(2) 先在模具外的边墙上喷射，待操作正常后，将喷头移至模具位置，由下而上逐层向模具内喷满混凝土。

(3) 将喷满混凝土的模具移至安全地方，用三角抹刀刮平混凝土表面。

(4) 在潮湿环境中养护1d后脱模。将混凝土板件移至试验室，在标准养护条件下养护7d，用切割机去掉周边和上表面(底面可不切割)后加工成边长100mm的立方体试块或钻芯成高100mm、直径为100mm的圆柱状试件，立方体试块的边长允许偏差应为±10mm，直角允许偏差应为±20°。喷射混凝土板件周边120mm范围内的混凝土不得用作试件。

L.0.3 加工后的试块应继续在标准条件下养护至28d龄期，进行抗压强度试验。

附录 M 喷射混凝土黏结强度试验

M.0.1 喷射混凝土与岩石或硬化混凝土的黏结强度试验，可在现场采用对被钻芯隔离的混凝土试件进行拉拔试验完成，也可在试验室采用对钻取的芯样进行拉力试验完成。

M.0.2 钻芯隔离试件拉拔法及芯样拉力试验示意图应符合图 M.0.2-1 及图 M.0.2-2。

M.0.3 试件直径尺寸可取 50~60mm，加荷速率应为每分钟 1.3~3.0MPa；加荷时应确保试件轴向受拉。

M.0.4 喷射混凝土黏结强度试验报告应包含试块编号、试件尺寸、养护条件、试验龄期、加荷速率、最大荷载、测算的黏结强度以及对试件破坏面和破坏模式的描述。

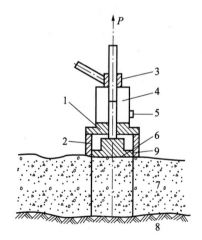

图 M.0.2-1 对钻芯隔离的喷射混凝土试件的拉拔试验
1-基座；2-支撑装置；3-螺母；4-千斤顶；5-泵；6-黏结剂；
7-喷射混凝土；8-基岩；9-托架

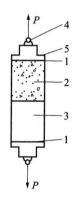

图 M.0.2-2 钻取试件的直接拉力试验
1-黏结剂；2-喷射混凝土；3-基岩；4-接头；
5-支架

附录 N 喷射混凝土抗弯强度与残余抗弯强度试验

N.0.1 喷射混凝土的抗弯强度与残余抗弯强度试验的试件，应在喷射混凝土大板上切割为75mm×125mm×600mm的小梁试件(图 N.0.1)，切割后的试件应立即置于水中养护不少于3d。

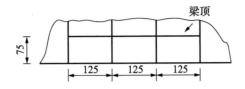

图 N.0.1 喷射混凝土小梁切割(尺寸单位:mm)

N.0.2 喷射混凝土抗弯强度和残余抗弯强度试验应在喷射混凝土试件养护 28d 后进行,小梁试验采用跨度应为 450mm 的三点加荷(图 N.0.2)。

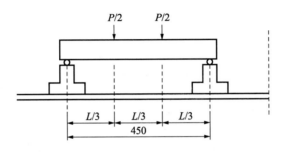

图 N.0.2 喷射混凝土小梁三点加荷方式(尺寸单位:mm)

N.0.3 试件及加荷装置的布设应能测得小梁的跨中挠度。加荷过程中,当梁的挠度达 0.5mm 前,梁跨中变形速度应控制为 0.20~0.30mm/min。此后,梁跨中变形可增至 1.0mm/min。应连续记录梁跨中的荷载-挠度曲线。

N.0.4 试验装置的刚度应能适应有效地控制梁中挠度的要求,试验装置的支座与加荷点处均应设置半径为 10~20mm 的圆棒,当跨中挠度达 4.0mm 时,试验即可结束。

N.0.5 试验结果应绘制荷载-挠度曲线(图 N.0.5),其中喷射混凝土峰值荷载($P_{0.1}$)即为曲线中的直线段平移 0.1mm 挠度值的那条斜线与荷载-挠度曲线相交的点。

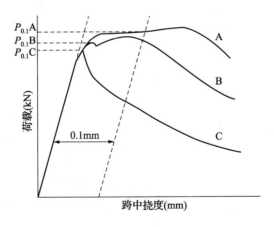

图 N.0.5 从荷载-挠度曲线图上确定 $P_{0.1}$ 值

N.0.6 喷射混凝土抗弯强度可按下式计算:

$$f_c = \frac{P_{0.1} \times L}{b \times d^2} \quad \text{(N.0.6)}$$

式中：f_e——喷射混凝土抗弯强度标准值；
　　$P_{0.1}$——参见本规范第 N.0.5 条；
　　　b——梁宽（125mm）；
　　　d——梁厚（75mm）。

N.0.7　喷射混凝土抗弯强度试验报告应包括下列内容：
（1）试验装置类型；
（2）试件编号；
（3）试件尺寸；
（4）养护条件和试验龄期；
（5）示有最初峰值荷载（$P_{0.1}$）的荷载－挠度曲线；
（6）计算所得的抗弯强度值。

N.0.8　根据本规范表 6.3.6 对喷射混凝土或喷射钢纤维混凝土支护变形等级要求，按荷载－挠度曲线图，确定当挠度分别为 0.5mm、1.0mm、3.0mm 和 4.0mm 时的残余抗弯强度等级。

N.0.9　残余抗弯强度试验报告应包括下列内容：
（1）试验装置类型；
（2）试件编号；
（3）试件尺寸；
（4）养护条件和试验龄期；
（5）变形速率；
（6）包括示明规定变形等级（挠度）的小梁弯曲应力值的荷值-变形曲线；
（7）变形等级和残余强度等级。

附录 P　喷射钢纤维混凝土残余抗弯强度（韧性）等级与残余弯曲应力

P.0.1　喷射钢纤维混凝土或喷射混凝土的韧性高低可用残余抗弯强度等级（图 P.0.1）表示。

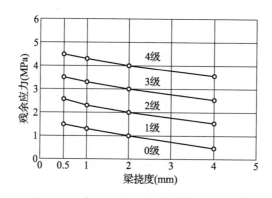

图 P.0.1　残余抗弯强度等级图

P.0.2　按围岩性态及工程使用要求，对喷射钢纤维混凝土和喷射混凝土应有不同变形量限制要求。该变形限值要求可用喷射混凝土变形等级表示。

P.0.3 不同变形等级与不同残余弯曲强度等级的喷射钢纤维混凝土或喷射混凝土试验梁的弯曲应力不应小于表 P.0.3 的规定。

不同变形等级的喷射钢纤维混凝土或喷射混凝土的残余抗弯强度（N/mm²） 表 P.0.3

变形等级	梁的挠度(mm)	不同残余抗弯强度等级下的弯曲应力			
		等级 1	等级 2	等级 3	等级 4
很低	0.5	1.5	2.5	3.5	4.5
低	1	1.3	2.3	3.3	4.3
普通	2	1.0	2.1	3.0	4.0
高	4	0.5	1.5	2.5	3.5

注：1. 变形等级系指不同围岩与工作条件对喷射混凝土支护层变形的要求。
2. 残余抗弯强度等级则是喷射混凝土韧性高低的标志，等级 4 韧性最高，依次韧性逐级降低。

【说明】本规范中 6.2.1 中所叙述的国家标准《硅酸盐水泥、普通硅酸盐水泥》（GB 175）已被《通用硅酸盐水泥》（GB 175—2007）代替。

附录二 铁路隧道工程施工技术指南（TZ 204—2008）

8 初期支护

8.1 喷混凝土

8.1.1 喷混凝土施工工艺流程见图8.1.1。

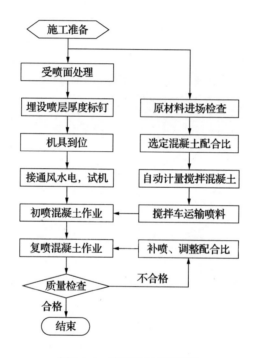

图8.1.1 喷混凝土工艺流程

8.1.2 喷射混凝土的材料应符合下列规定：

1 喷混凝土材料进场必须进行检验，除符合国家现行的有关标准外，并应符合表8.1.2要求。

喷混凝土原材料技术要求 表8.1.2

材料名称	技 术 要 求
水泥	（1）应优先采用硅酸盐水泥或普通硅酸盐水泥，强度等级不宜低于42.5MPa （2）遇含有较高可溶性硫酸盐地层或地下水地段，应按侵蚀类型和侵蚀程度采用相应的抗硫酸盐水泥；水泥的安定性、凝结时间均应合格。骨料与水泥中的碱离子可能发生反应时，应选用低碱水泥；喷混凝土需要有较高早期强度时，可选用硫铝酸盐水泥或其他早强水泥 （3）有特殊要求时，应使用相应的特种水泥

续上表

材料名称	技术要求
砂、石	(1)粗骨料应采用坚硬耐久的碎石或卵石(豆石),或两者混合物。严禁选用具有潜在碱活性骨料,当使用碱性速凝剂时,不得使用含有活性二氧化硅的石料。喷混凝土中的石子最大粒径不宜大于15mm,喷射钢纤维混凝土中的石子最大粒径不宜大于10mm,骨料级配宜采用连续级配。按重量计含泥量不应大于1%,泥块含量不应大于0.25% (2)细骨料应采用坚硬耐久的中砂或粗砂,细度模数应大于2.5。砂中小于0.075mm的颗粒不应大于20%。含泥量不应大于3%,泥块含量不应大于0.5%
水	水质应符合工程用水的有关标准,水中不应含有影响水泥正常凝结与硬化的有害杂质,不应使用污水、海水、pH值小于4.5的酸性水、硫酸盐含量按SO_4^{2-}计超过水重1%的水
外加剂	(1)应对混凝土的后期强度无明显损失;对混凝土和钢材无腐蚀作用;不污染环境,对人体无害。采用低碱或无碱外加剂 (2)在使用外加剂前,应做与水泥的相容性试验及水泥净浆凝结效果试验,严格控制掺量;水泥净浆初凝时间不应大于5min,终凝时间不应大于10min

2 喷混凝土用的骨料级配宜控制在图8.1.2所给的范围内。

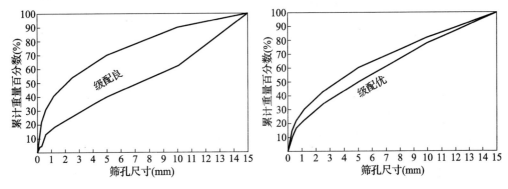

图8.1.2 喷混凝土粗骨料筛分曲线图

8.1.3 喷混凝土的配合比应符合下列规定:

1 喷混凝土的性能(强度、密实度、黏结力)、回弹率、粉尘浓度应符合现行国家标准《锚杆喷混凝土支护技术规范》(GB 50086)的规定。

2 喷混凝土因施工方法及环境条件的不同,其性能的要求也不同。配合比应满足设计强度和喷射工艺的要求,并通过试喷确定。

3 喷混凝土必须满足设计的初期强度、长期强度、厚度及其与围岩面黏结力要求。湿喷混凝土3h强度应达到1.5MPa,24h强度应达到10.0MPa。

4 湿喷混凝土的胶凝材料用量不宜小于400kg/m³。

5 水胶比宜为0.40~0.50。

6 胶骨比宜为1:4~1:5。

7 骨料砂率宜为45%~60%。

8 混凝土拌合物的坍落度宜为8~13cm(按喷射机性能选择)。

8.1.4 喷混凝土作业应符合下列规定:

1 喷混凝土应根据现场实际情况,优先采用湿喷工艺,某些特定条件下采用干喷工艺时,均应符合铁道部现行《铁路隧道喷锚构筑法技术规范》(TB 10108)、国家标准《锚杆喷混凝土支护技术规范》(GB 50086)的要求。

2 为确保喷射质量,尽快完成喷射作业,宜选定大容量的喷射机和**喷射机械手**。

3 喷混凝土的准备工作应满足下列要求:

1)检查开挖断面净空尺寸。

2)设置控制喷混凝土厚度的标志,一般采用埋设钢筋头作标志。

3)检查机具设备和风、水、电等管线路。

4)选用的空压机应满足喷射机工作风压和耗风量的要求;压风进入喷射机前必须进行油水分离;输料管应能承受 0.8MPa 以上的压力,并应有良好的耐磨性能。

5)保证作业区内具有良好通风和照明条件。

6)喷射混凝土作业的环境温度不得低于5℃。

4 受喷岩面的处理应满足下列要求:

1)喷混凝土施工前,应对受喷岩面进行处理。一般岩面可用高压水冲洗受喷面上的浮尘、岩屑,当岩面遇水容易潮解、泥化时,宜采用高压风吹净岩面;若为泥、砂质岩面时可挂设细铁丝网(网格宜不大于20mm×20mm、线径宜小于3mm),用环向钢筋和锚钉或钢架固定,使其密贴受喷面,以提高喷混凝土的附着力。喷混凝土前,宜先喷一层水泥砂浆,待终凝后再喷混凝土。

2)受喷面的小股水或裂隙渗漏水宜采用岩面注浆或导管引排后再喷混凝土。

3)大面积潮湿的岩面宜采用黏结性强的混凝土,可通过添加外加剂、掺合料改善混凝土性能。

4)大股涌水宜采用注浆堵水后再喷射混凝土。

5 喷射作业应连续进行。喷射作业应分层、分段、分片,喷射顺序应自下而上,分段长度不宜大于 6m。

6 分层喷射时,一次喷混凝土的厚度不小于40mm,后一层喷射应在前一层混凝土终凝后进行,若终凝1h后再喷射,应先用风水清洗喷射表面。

7 初喷混凝土在开挖后及时进行,复喷应根据开挖工作面的地质情况分层、分时段进行喷射作业,以确保喷混凝土的支护能力和喷层的设计厚度;喷混凝土终凝后3h内不得进行爆破作业。复喷混凝土的一次喷射厚度:拱部为50~100mm,边墙为70~150mm。

8 喷混凝土应强化工艺管理,降低喷射回弹率。喷混凝土的回弹量:墙部不应大于15%,拱部不应大于25%。

9 根据具体情况,变换喷嘴的喷射角度和与受喷面的距离,将钢架、钢筋网背后喷填密实,见图8.1.4-1、图8.1.4-2。必要时钢架背后采用注浆充填,并不得填充异物。

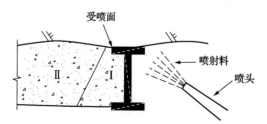

图 8.1.4-1 钢架背后的喷射角度

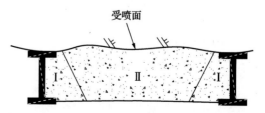

图 8.1.4-2 钢架之间的混凝土喷射顺序

10 在喷边墙下部(台阶法施工上半断面拱脚)及仰拱时,需将上半断面喷射时的回弹物清理干净,防止将回弹物卷入下部喷层中形成"蜂窝",而降低支护能力。

8.1.5 喷混凝土强度检验可从下列方法中选择:

1 用喷大板切割试块(100mm 的立方体),在标准养护条件下养护 28d,用标准试验方法测得的极限抗压强度乘以 0.95,测试方法见附录 E。

2 当不具备制作抗压强度标准试块条件时,可喷制混凝土大板,在标准条件下养护 7d 后,用钻芯机取芯制作试块,芯样边缘至大板周边的最小距离不小于 50mm。

3 可直接向边长 150mm 的无底标准试模内喷射混凝土制作试块,抗压试验加载方向应与试块喷射成型方向垂直,其抗压强度换算系数应通过试验确定。

8.1.6 喷混凝土的厚度应符合下列规定:

1 平均厚度大于设计厚度。

2 检查点数的 80% 及以上大于设计厚度。

3 最小厚度不小于设计厚度的 2/3。

8.1.7 喷钢纤维混凝土应符合下列规定:

1 采用喷钢纤维混凝土做初期支护时,应根据围岩地质条件确定喷层厚度;喷钢纤维混凝土的韧度指标应满足围岩地质条件、变形量级和工程类型的要求。

2 喷钢纤维混凝土的材料应符合下列规定:

1)钢纤维内不得有明显的锈蚀、油脂及其他妨碍钢纤维与水泥黏结的杂质,其中因加工不良造成的粘连片、铁屑及杂质不应超过钢纤维重量的 1%。钢纤维内不得混有妨碍水泥硬化的化学成分。

2)钢纤维宜用普通碳素钢制成,钢纤维抗拉强度不得小于 600MPa,钢纤维应能承受一次弯折 90°不断裂。钢纤维长度宜为 20~35mm,并不得大于输料软管以及喷嘴内径的 7/10 倍,等效直径为 0.3~0.8mm,长径比为 30~80。

3)钢纤维掺量宜根据弯曲韧度指标确定,并应考虑到喷射时钢纤维混凝土各组分回弹率不同的影响。喷钢纤维混凝土的钢纤维的实际含量不宜大于 78.5kg/m³(体积率 1.0%)。最小含量可依据钢纤维的长径比参照表 8.1.7-1 选用。

钢纤维混凝土中钢纤维的最小实际含量要求 表 8.1.7-1

钢纤维的长径比	40	45	50	55	60	65	70	75	80
最小实际含量(kg/m³)	65	50	40	35	30	25	20	20	20
最小实际体积率	0.83	0.64	0.51	0.45	0.38	0.32	0.25	0.25	0.25

4)喷钢纤维混凝土的强度等级不应低于 C25,并应满足结构设计对抗压强度、抗拉强度、抗折强度的要求。喷钢纤维混凝土使用的水泥强度不应低于 42.5MPa。

5)喷钢纤维混凝土采用的骨料应采用连续级配,粗骨料最大粒径不宜大于 10mm;砂率不应小于 50%。

6)喷钢纤维混凝土的原材料中宜加入硅粉或粉煤灰等活性掺合料。硅粉的掺量为水泥重量的 5%~15%,粉煤灰的掺量为水泥重量的 15%~30%,掺合料掺量的选择应通过试验确定。

7）喷钢纤维混凝土应采用无碱速凝剂,其掺量应根据凝结时间确定,通常可取水泥用量的 2% ~ 8%。并应掺入高效减水剂和增塑剂,其品种和剂量应通过试验或工程经验确定,并应经现场试喷检验。

3 喷钢纤维混凝土配合比设计应满足下列要求:

1）根据喷钢纤维混凝土抗压强度要求,确定水胶比。
2）根据弯曲韧度比和弯拉强度要求,确定钢纤维掺量。
3）根据和易性和输料性能,确定水、胶凝材料用量。
4）根据骨料粒径和级配、砂的细度及和易性,确定砂率。
5）水胶比及胶凝材料用量应符合本技术指南 8.1.2 条及 8.1.4 条规定。

4 喷钢纤维混凝土的拌和应满足下列要求:

1）喷钢纤维混凝土的拌和工艺应确保钢纤维在拌合物中分散均匀,不产生结团,宜优先采用将钢纤维、水泥、粗细骨料先干拌后加水湿拌的方法,干拌时间不得少于 1.5min;或采用先投放水泥、粗细骨料和水,在拌和过程中分散加入钢纤维的方法。

2）喷钢纤维混凝土的各种材料的重量,应按施工配合比和一次拌和量计算确定,各种材料的称量允许误差应符合表 8.1.7-2 规定。

材料称量的允许误差　　表 8.1.7-2

材料名称	钢纤维	水泥、混合材	粗细骨料	水	外加剂
允许误差(%)	±2	±2	±3	±1	±2

3）钢纤维混凝土的拌和时间应通过现场拌和试验确定,不宜小于 3min（较普通混凝土规定的拌和时间延长 1 ~ 2min）。

4）喷钢纤维混凝土的表面宜再喷一层厚度为 10mm 的水泥砂浆,其强度不应低于喷钢纤维混凝土的强度。

8.1.8 喷合成纤维混凝土施工应符合下列规定:

1 喷混凝土中的合成纤维宜采用聚丙烯纤维。
2 喷混凝土中所使用纤维长度宜为 19mm。
3 合成纤维抗拉强度不宜小于 280MPa。
4 合成纤维掺入量为 0.9kg/m^3。
5 拌和时间宜为 4 ~ 5min,且纤维已均匀分散成单丝,否则至少需要延长拌和时间 30s,方可使用。
6 喷合成纤维混凝土的强度等级应符合设计要求,粗骨料粒径不宜大于 20mm。
7 喷合成纤维混凝土的水胶比宜为 0.35 ~ 0.45。
8 合成纤维加入喷混凝土拌和料中时不需要改变原来的混凝土的配合比。

8.1.9 喷混凝土养护应符合下列规定:

1 喷混凝土终凝 2h 后,应喷水养护,时间不得少于 14d。
2 气温低于 5℃时,不得喷水养护。

8.1.10 喷混凝土冬期施工应符合下列规定:

1 洞口喷混凝土的作业场所应有防冻保暖措施。
2 在结冰的层面上不得进行喷混凝土作业。
3 作业区的气温和混合料进入湿喷机的温度不应低于5℃。
4 混凝土强度未达到6MPa前，不得受冻。

8.2 锚杆

略。

【说明】

本技术指南中引用的国家标准《锚杆喷混凝土支护技术规范》(GB 50086)已被《岩土锚杆与喷射混凝土支护工程技术规范》(GB 50086—2015)代替。

附录三 公路隧道施工技术规范（JTG F60—2009）

8 支护与衬砌

8.1 一般规定

8.1.1 隧道施工支护应配合开挖作业及时进行，确保施工安全。

8.1.2 隧道衬砌不得侵入隧道建筑限界。

8.1.3 支护与衬砌材料的标准、规格及要求等应满足设计要求。

8.1.4 隧道支护与衬砌施工过程中应做好施工记录。

8.2 喷射混凝土

8.2.1 喷射混凝土施工不得采用干喷工艺。

8.2.2 喷射混凝土配合比，应通过试验确定并满足设计强度和喷射工艺的要求。

8.2.3 喷射混凝土作业应符合下列规定：

1 当喷射作业分层进行时，后一层喷射应在前一层混凝土终凝后进行。

2 混合料应随拌随喷。

3 喷射混凝土回弹物不得重新用作喷射混凝土材料。

8.2.4 喷射混凝土应适时进行养护，隧道内环境温度低于5℃时不得洒水养护。

8.2.5 冬季施工时，喷射作业区的气温不应低于5℃。在结冰的岩面上不得进行喷射混凝土作业。混凝土强度未达到6MPa前不得受冻。

8.2.6 采用纤维喷射混凝土时，所用材料应满足设计要求。

8.2.7 纤维喷射混凝土施工应符合本章第8.2.2~8.2.6条的规定。

8.2.8 喷射混凝土作业安全与防护应符合下列规定：

1 应检查和处理支护作业区危石，施工机具应布置于安全地带。

2 施工用作业台架应牢固可靠，并应设置安全栏杆。

3 施工时，非作业人员不得进入喷射作业区，喷嘴前禁止站人。

4 作业人员应戴防尘口罩、防护镜、防护帽等劳保用品。

5 喷射作业完成后，应及时清洗机具。

附录四 公路隧道施工技术细则(JTG/T F60—2009)

1 总则

1.0.1 为配合《公路隧道施工技术规范》(JTG F60—2009)的实施,细化山岭公路隧道工程施工的技术要求,保证工程质量,使隧道施工符合技术先进、安全环保、经济合理的要求,制定本细则。

7 支护与衬砌

7.1 一般规定

7.1.1 根据围岩条件、断面大小和施工条件等,选择喷射混凝土、锚杆、钢筋网、钢架等单一或组合的支护形式。

7.1.2 当掌子面自稳能力差时,应选择超前支护、掌子面预加固、改变开挖工序等措施。

7.1.3 隧道支护与衬砌施工宜根据现场监控量测结果,分析施工中各种信息,及时调整支护措施和支护参数,确定二次衬砌施工时间。Ⅰ~Ⅳ级围岩的二次衬砌应在初期支护变形基本稳定(参考值:周边位移速率小于0.2mm/d,拱顶下沉速率小于0.15mm/d)后尽早施工。

7.1.4 施工中应做好施工地质描述、超前地质预报,根据围岩条件的变化情况,因地制宜,提前采取相应措施,做到安全可靠、经济合理。

7.1.5 隧道衬砌不得侵入隧道建筑限界,开挖放样时,可将设计的轮廓线扩大50mm,不得减少衬砌厚度。

7.1.6 支护与衬砌材料规格及要求等应符合现行《公路隧道设计规范》(JTG D70)、《锚杆喷射混凝土支护技术规范》(GB 50086)规定。

7.2 喷射混凝土

7.2.1 喷射混凝土施工有湿喷和潮喷两种方式,宜采用湿喷工艺,湿喷混凝土的坍落度宜控制在80~120mm。

7.2.2 喷射混凝土的材料应符合下列规定:

1 水泥:宜选用硅酸盐水泥或普通硅酸盐水泥。特殊情况下可采用特种水泥,采用特种水泥时应进行现场试验,指标应满足设计要求。

2 集料:粗集料应采用坚硬耐久的碎石或卵石。喷射混凝土中的石子粒径不宜大于16mm;细集料应采用坚硬耐久的中砂或粗砂,细度模数宜大于2.5。集料级配宜采用连续级配。

3 外加剂:应对混凝土的强度及与围岩的黏结力基本无影响,对混凝土和钢材无腐蚀作用,易于保存,不污染环境,对人体无害。外加剂使用前必须进行相应性能试验。

4 速凝剂:应根据水泥品种、水灰比等,通过不同掺量的混凝土试验选择掺量。使用前应做速凝效果试验,要求初凝不应大于5min,终凝不应大于10min。

5 水:水质应符合工程用水的有关标准,水中不应含有影响水泥正常凝结与硬化的有害杂质。

6 外掺料:外掺料剂量应通过试验确定,加外掺料后的喷射混凝土性能必须满足设计要求。

7.2.3 喷射混凝土施工应做好下列准备工作:

1 检查开挖断面净空尺寸,清除松动岩块,清洗岩壁面的粉尘,清理边脚处的岩屑、杂物等。

2 岩面有集中渗水出露,应先引排,妥善处理。

3 应设置控制喷射混凝土厚度的标志。

4 检查机具设备和风、水、电等管线路,并试运转,作业面具有良好的通风和照明条件。

7.2.4 喷射混凝土作业应符合下列规定:

1 喷射作业应分段、分片由下而上顺序进行,每次作业区段纵向长度不宜超过6m。

2 一次喷射厚度应根据设计厚度和喷射部位确定,初喷厚度宜控制在40~60mm。复喷一次喷射厚度拱顶不得大于100mm、边墙不得大于150mm。

3 岩面有较大凹洼时,应在初喷时找平。

4 前一层喷射混凝土终凝后1h以上且喷层表面已蒙上粉尘时,后一层喷射作业前应清洗干净受喷面。

5 喷射混凝土作业时喷嘴应垂直岩面。喷射混凝土必须直接喷在岩面上。喷枪头到喷射面距离宜为0.6~1.2m,湿喷机工作压力应控制在0.1~0.15MPa。

7.2.5 喷射混凝土终凝2h后,应喷水养护,养护时间不应少于7d。

7.2.6 采用钢纤维喷射混凝土时,所用材料应满足设计要求。当设计无要求时,应符合下列规定:

1 钢纤维宜用普通碳素钢制成。

2 钢纤维截面直径应为0.3~0.5mm。

3 钢纤维长度宜为20~50mm。

4 钢纤维抗拉强度不得低于380MPa。

5 钢纤维含量宜为干混合料质量的1.5%~4%(总量比)。

6 钢纤维喷射混凝土石子粒径不宜大于10mm。

7 喷射混凝土强度不应低于C20。

8 钢纤维混凝土的搅拌应采用强制式搅拌机。水泥、集料、钢纤维先干拌,时间不得少于15min,加水后湿拌时间不应少于3min。

7.2.7 纤维喷射混凝土施工应符合7.2.2~7.2.6的规定。

【说明】本技术细则引用的《锚杆喷射混凝土支护技术规范》(GB 50086)已被《岩土锚杆与喷射混凝土支护工程技术规范》(GB 50086—2015)代替。

参 考 文 献

[1] 刘在政,刘金书,马慧坤.HPS3016型混凝土喷射机械手[J].工程机械,2011(08):13-16.

[2] 王伟.论隧道混凝土喷射施工工艺[J].广东建材,2011(01):51-54.

[3] 刘生华.新型混凝土喷射机械手在隧道工程中的应用[J].建设机械技术与管理,2011(02):86-89.

[4] 朱广兵.喷射混凝土研究进展[J].混凝土,2011(04):105-109.

[5] 刘生华.混凝土喷射机械手的自动喷射控制技术[J].建设机械技术与管理,2011(03):105-108.

[6] 祝云华.钢纤维喷射混凝土力学特性及其在隧道单层衬砌中的应用研究[D].重庆:重庆大学,2009.

[7] 马忠诚,汪澜,马井雨.喷射混凝土技术及其速凝剂的发展[J].混凝土,2011(12):126-128.

[8] 马利,许鹏.岩巷掘进快速湿式喷射混凝土支护技术[J].煤炭科学技术,2013(04):5-7.

[9] 孔瑜.HPS系列混凝土喷射机械手型式试验探讨[J].城市建筑,2013(02):127-129.

[10] 王小宝.湿式混凝土喷射机的类型及发展[J].工程机械,2000(02):28-31.

[11] 马宝祥.湿式混凝土喷射机的发展及应用[J].河北建筑科技学院学报,2000(03):49-51.

[12] 张向东,张树光,李永靖.喷射混凝土技术的发展与应用[J].煤,2001(01):19-21.

[13] 樊华,邱林锋,陈玲芳.混凝土喷射机的概述及改进[J].山西建筑,2007(32):346-347.

[14] 周旭东.喷射混凝土在板桥加固中的应用研究[D].西安:长安大学,2005.

[15] 王红喜,陈友治,丁庆军.喷射混凝土的现状与发展[J].岩土工程技术,2004(01):51-54.

[16] 张华桥.湿式喷射混凝土机施工技术[J].工程机械与维修,2012(01):151-153.

[17] 马井雨,马忠诚,汪澜,等.国内喷射混凝土用喷射机的发展概述[J].混凝土,2012(09):142-144.

[18] 张开玉,徐龙江.湿式混凝土喷射机的研究与应用[J].煤矿机械,2012(12):217-219.

[19] 耿继敏,董红波.隧道混凝土喷射施工技术及机械化[J].建设机械技术与管理,2012(10):79-82.

[20] 刘福战,张增江,李诺.喷射混凝土技术性能研究[J].商品混凝土,2009(09):38-39.

[21] 胡林.煤矿井下湿式混凝土喷射机技术的研究与应用[J].煤炭科学技术,2009(07):

9-11.

[22] 石亚勇. 喷射混凝土在工程中的应用[J]. 广西轻工业,2009(11):17-18.

[23] 胡仕涛. 浅谈隧道喷射混凝土施工技术[J]. 铁道建筑技术,2009(12):79-84.

[24] 王治世,吴冷峻. 地下矿山湿式喷射混凝土施工工艺研究[J]. 金属矿山,2009(S1):497-498.

[25] 杨仁树,肖同社,刘波,等. 喷射混凝土速凝剂的应用与发展[J]. 中国矿业,2005(07):79-81.

[26] 何琳. 混凝土喷射机的应用及发展[J]. 江西建材,2005(04):37-39.

[27] 朱君秦. 混凝土喷射机的工作原理与应用探讨[J]. 广东建材,2008(11):97-99.

[28] 邱静,汤峰. 喷射混凝土施工技术[J]. 山西建筑,2008(09):204-205.

[29] 刘炳辉. 钢纤维喷射混凝土在隧道初期支护中的应用实践[J]. 公路交通技术,2003(02):62-66.

[30] 程高峰. 喷射混凝土支护降尘技术的研究[D]. 青岛:山东科技大学,2011.

[31] 王方荣. 浅析我国混凝土喷射技术及装备[J]. 建井技术,1996(Z2):22-25.

[32] 许天恩. 混凝土喷射机现状和发展趋向[J]. 煤炭科学技术,1997(09):34-37.

[33] 程良奎. 喷射混凝土(一)——喷射混凝土的最新发展与施工工艺[J]. 工业建筑,1986(01):49-56.

[34] 赵昱东. 混凝土喷射设备及其应用[J]. 矿山机械,1989(10):9-12.

[35] 赵昱东,王桂荣. 混凝土喷射机在我国的应用与发展[J]. 煤矿机械,1998(10):3-6.

[36] 陈东扬. 喷射混凝土中的速凝剂[J]. 混凝土世界,2015(02):46-52.

[37] 韩彦芳,何鹏,邹黎勇. 地下工程HPSD2008小型砼湿喷机的研制[J]. 铁道建筑技术,2015(04):106-109.

[38] 潘刚,程卫民,陈连军,等. 煤矿井巷喷射混凝土技术的发展[J]. 煤矿安全,2015(09):204-207.

[39] 刘鹏. 试析混凝土喷射机的发展及应用[J]. 江西煤炭科技,2015(04):87-88.

[40] 周志刚,卢继杰. 喷射混凝土技术研究现状[J]. 公路交通科技(应用技术版),2014(04):263-265.

[41] 刘盛智,李军,路为,等. 喷射混凝土发展概况及其应用技术研究[J]. 山西建筑,2014(23):162-164.

[42] 余洪汇. 矿用轻质喷射混凝土研究[D]. 焦作:河南理工大学,2009.

[43] 高占武. 喷射混凝土施工工艺[J]. 铁道建筑技术,1994(05):16-21.

[44] 张浩. 国内外混凝土喷射设备的发展概况[J]. 水利电力机械,1995(05):34-37.

[45] 王广森. 混凝土喷射技术在煤矿支护中的应用及发展探讨[J]. 科技展望,2015(31):32.

[46] 郭海龙,邓齐齐,冯强. 试析气动转子式混凝土喷射机的设计与工艺[J]. 山东工业技术,2016(02):112.

[47] 杨福真. 混凝土喷射设备的现状和发展趋势[J]. 北京矿冶研究总院学报,1993(01):18-22.